採用面接等における ストレス脆弱性 検討と手法

〜今日的な人材マネジメントの留意点〜

医学博士・メンタルヘルス研究者
鈴木安名

労働開発研究会

JN064487

もくじ

1章 新人・若手のストレス脆弱性

　筆者は20年ほど前から産業医学の立場でメンタルヘルスの研究をしてきました。休職者の職場復帰支援やメンタル不調の未然防止、あるいはトラブル対応について、できるだけ人事担当者の視点で解明してきたつもりです。しかし、ここ10年間のメンタル不調は高止まりしているだけでなく最近は、新人・若手に目立つようになりました。中には入社後わずか1か月で休業になるケースもあり、「果たして職場ストレスだけで発病するのか？」という疑問を抱くようになりました。

　たとえば以下のようなエピソードで、読者も体験されているかもしれません。

ケース

・入社後1か月、研修期間に休業した。研修は8割がオンラインで週1だけの出勤日なのに。なにがストレスだったのか？
・入社後4か月で研修が終わり、ある課に配属された新人がわずか2週間で休業になった。本人によれば「直属上司である係長のパワハラで傷ついた」という。でも、その係長は、口は悪いものの面倒見の良い社員で、今までモラハラの噂などなかった。人事や所属長の気づいていない職場ストレスがあったのだろうか？

　このような新人、若手のメンタル不調はコロナ禍以降目立つようになり、そこには職場ストレスとは別の原因、すなわち若年者の一部に共通するある種の脆弱性が生じてきていることに筆者は気づきました。脆弱性という用語は情報通信の分野で用いられるものですが、昔から職場のメンタルヘルスの研究でも使われ、社員のストレス耐性が低いことを意味しています。かつてはメンタル不調の発病の有力な理論、ストレス脆弱性モデルとして重視されていました。

・**ストレス脆弱説**

　少し専門的になりますが、大事なことなのでストレス脆弱性モデルについて解説します。

　2008年に発表された厚労省の「心の健康問題の正しい理解のための普及啓発検討会報告書」によれば、ストレス脆弱性モデルにおいては、病気になりやすいかどうかの「脆弱性（もろさ）」と病気の発症を促す「ストレス」の組合せによって示されるというものです（図1、2）。

図1　ストレス脆弱性モデル (Zubin J, et al.)

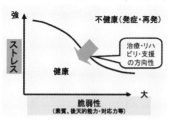

図2　ストレス脆弱性モデルによる疾患の理解
(伊藤)

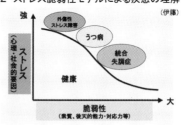

厚労省（https://www.mhlw.go.jp/shingi/2008/04/dl/s0411-7i_0003.pdf）

　同じストレスの度合いでも脆弱性が大きければ発病しやすくなり、逆に脆弱性が小さければ、多少のストレスでも発病せずに済む、という実に簡単な理論です。この厚労省の図では、脆弱性には素質、後天的能力・対応能力などの要素が含まれます。ちなみにこのモデルは、精神障害の労災認定基準の土台に使われるほど、権威あるものです。

・**メンタル不調は職場ストレスで起こる？**

　ところが、不思議なことに一般社会や多くの会社、それどころか一部の産業医や会社の上層部でさえ

メンタル不調は職場ストレスで起こる

というのが共通の認識になっていて、人材の脆弱性など議論にもなりません。

　例外は、先のエピソードのような事例を経験した人事担当者や不

調者の上司、同僚で『本人にも問題があったのではないか？』とホンネで思うのです。また休業して職場ストレスから切り離され復帰した。当然、責任のある業務ではなく補助的な作業だけを与えている。なのに、また再休業となるようなケースでは『職場ストレス以外の要因があるのでは』と多くの人事担当者は考えるでしょう。

　しかし、結局のところは、上層部から「もっと職場のストレス対策を行いなさい、労基署に睨まれたりしたらどうするのだ！」と叱咤される。ですが、人事としては「長時間対策やモラハラ対策はそれなりにやってきた。これ以上、何をすればいいのか」と感じざるを得ないでしょう。

　ともかく、発病、休業してしまった社員には、復職するようサポートするしかないので、ストレス脆弱性などを考えるのは時間の無駄になる。だから、精神的な負担が少ない部署で、優しくて物分かりの良い上司の下につけようとするけれど、そんな部署や業務、上司などは稀です。

　人事は多彩な業務でてんてこ舞いですから、そのうち別の面倒な業務が入ってきて、そちらに振り回されるというのが一般的でしょう。

　けれども、やはり新人・若手の発病の中には、「メンタル不調は職場ストレスで起こる」という社会の常識に反するケースは確実に存在します。悲しいことに自殺の場合にもそれは当てはまります。これは実に深刻な問題です。なぜなら、発病の未然防止や職場復帰支援に関する施策では、何よりもストレスを軽減することが優先されますが、脆弱性の大きな人材においては、この大前提が通じにくいからです。

・労災認定や訴訟の影響
　それでは、なぜストレス脆弱性が事実上無視され、職場のメンタル不調がストレスだけで論じられるようになったかを説明しましょう。それは労災認定や訴訟の影響によります。メンタル不調者について、圧倒的多数の市民が目にするのはテレビ・新聞、ネットの報道です。特に経営側にとってインパクトのあるのは、裁判所が企業

に対し高額の損害賠償を命じた事案です。その多くは自殺ですが、メンタル不調により退職を余儀なくされたケースも少なくありません。

　誰でも記憶に残るものとして、某広告代理店における２つの自殺事案を例にすれば、常軌を逸した長時間労働やモラハラという業務上の負荷が原因という判決です。つまり誰が見聞きしても、明らかに企業の安全配慮義務違反のあったケースがマスコミやネットで報道されます。逆にいうと、メンタル不調は職場ストレスによって起こるというのは、報道された情報に基づく"常識"であって、報道されていない情報についても目を向ける必要があります。

　図３は令和３年度までの精神障害における労災請求、決定および支給件数のグラフです。

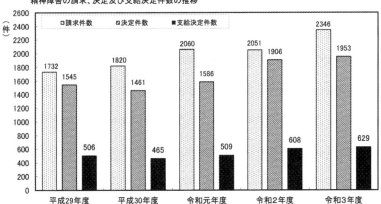

精神障害の請求、決定及び支給決定件数の推移

図３　厚労省　精神障害に関する事案の労災補償状況（令和二年度）
https://www.mhlw.go.jp/content/11402000/000796022.pdf

　ここで重要なことは、令和３年度には請求された2346件のうち、業務上外の決定のあった1953件中、支給の決定すなわち業務上と判断されたのは629件、約32％でおよそ<u>３分の１</u>といえます。この数、頻度をどうとらえるかは立場によって様々でしょう。

・業務外の事例から推定される脆弱性
　労災認定は労基署の事務官だけが行うものではなく、顧問医師の

医学的見解をもとになされます。そもそも精神障害の労災認定基準には、業務による心理的負荷評価表というのがあって、各種の心理的負荷（仕事のストレス）を「強」、「中」、「弱」に分類し、主としてこれらの総体が「強」となったものを認定する仕組みとなっています。ただし強であっても業務外と判断される場合もあります。それは業務外の高度な心理的負荷（離婚や家族との死別など）がある場合や、明らかな個体側要因がある場合をいいます。個体側要因とは認定基準によれば、「就業年齢前の若年期から精神障害の発病と寛解を繰り返しており、請求に係る精神障害がその一連の病態である場合や、重度のアルコール依存状況がある場合等がある」とされています。

　ここで極めて重要なことは、およそ３分２の事例では、発病の要因として職場ストレスは主なものではないという判断が下されたことです。だからといって、筆者は認定されなかった３分２が、高度な脆弱性の持ち主と主張するわけではないですし、メンタル不調の発病と労災認定とは違ったカテゴリーであるのは当然です。

　しかし、心理的負荷（仕事のストレス）が「弱」で業務外と判断されたケースでも、メンタル不調になった事実は否定できません。それでは、なぜ発病したのか、という疑問が残りましょう。残念なことに労災認定という判断は、メンタル不調それ自体の発病を研究するものではないので、厚労省の認定基準を深堀してもこの疑問への答えは出てきません。

　そろそろ結論を述べましょう。職場ストレスがあまり関与しない発病は幾らでもあり、一定以上のストレス脆弱性や私生活のストレスが関与しているのです。

　ここで私生活のストレスについていえば、離婚や家族との死別は大きなストレスではありますが、だからといって、このような出来事で皆が発病するのではないのは当然です。不眠症などの体調不良にはなるものの、仕事に差し支えたり心療内科に通院したりするのは少数派でしょう。つまりストレス脆弱性とは、仕事だけでなく人生の全般にわたるストレスへの脆さをいうもので、本書もこの立場にたちますが、以下では脆弱性と略します。

　話は若干それますが、仏教における四苦とは、生きていく苦しみ、老いていく苦しみ、病気の苦しみ、自分や家族が死んでいく苦しみの４つを指し、生老病死と略されます。今風にいえば、四苦とは人生における４大ストレスといえましょう。そして仏教の目的は、これら４大ストレスを乗り越える心構えを教えるものといえます。

　ご安心ください、筆者は無宗教であります。

　さて話を戻します。社員の脆弱性に目を向けず、ひたすら職場のストレス対策にばかり目を向けるのなら、非常に効率の悪いメンタルヘルス対策になることをご理解ください。ましてコロナとそれ以降のインフレ下の厳しい経営環境では、ストレス対策といってもコスト的な限界があります。

　本書の目的は脆弱性のある新人・若手への対策として、採用を含めた人材マネジメントのポイントを述べることです。

１．早期のメンタル不調・自殺

　脆弱性の第１は、前述したようにメンタル不調になりやすいことで、入社後１～２年以内という早期に発病する、中には自殺するという不幸なケースもあります。１～２年目の若手に対しては、重い責任を課すわけではなく、そもそも仕事のスキルが育っていないから、担当者としては初歩的な業務を与える会社がほとんどでしょう。

　中にはブラックな会社もあるでしょうが、そうではないのにメンタル不調になることには違和感をもつ人事もいるでしょう。また、入社後１～２年以内の発病では、心療内科の診断書の多くは適応障害です。この、精神科医が好んで使う病名には深い意味があるのですが、結論からいうと、脆弱性を持った人材が発病した場合、この病名が使われやすいのです。

　中には学生時代から既に発病しているというケースもあります。発病中の新人を脆弱性のある人材というのは微妙な表現ですが、採用を論じる上でこの項に含めるものとします。

2．指示待ち系・ローパフォーマー

　脆弱性の第2は「いくら新人、2年目でも、これはないだろう!?」と先輩や上司が疑問に感じるローパフォーマーです。仕事が遅い、ミスやトラブルが多いなど注意叱責を受けやすいので、脆弱性のある人材と考えます。時には発達障害ではないのに、そういう障害と間違えられるほど仕事ができない。でも、今時のことだから下手な注意をすればパワハラとみなされるので、どう対応すれば良いのか困惑する管理職も少なくありません。

　　□　言われないとやらない　⇒細かく指図しないと動けない
　　□　質問相談に消極的でホンネが言えない
　　　　過度の気遣い（嫌われたくない）や見栄（プライドの歪み）
　　□　失敗を恐れ消極的
　　□　周囲からみて、不調の原因が分りにくい
　　□　ゲーム・ネット依存症
　　□　男女を問わず声を出し泣くような感情制御不全
　　　　＊　＊　＊　＊　＊　＊　＊　＊　＊　＊　＊　＊
　　□　自立不全；社会人の基本が身についていない
　　□　親が過干渉で、著しい人生経験の不足
　　□　親が会社に関わってくる！　　安易に受けると

図4　指示待ち系の特徴

　図4のような特徴をもつローパフォーマーを筆者は"指示待ち系"と名付けました。

　ひところ人事の業界では、ゆとり教育のために動きのよくない社員を「指示待ち」といいましたが、筆者のいう指示待ち系はそんな甘いものではありません。中には深刻な脆弱性をもった新人、若手が増えつつあります。

　一般的には、ビジネス以前の常識が乏しく、仕事へのモチベーションが低く自分から動かない。そして、いちいち事細かな指示を出さないと行動できない。上司が育成に苦労する、仕事のスキルが育ちにくいという特徴を持っています。

3．スマホ・ゲーム依存

　第3の脆弱性はスマホ・ゲーム依存です。仕事へのモチベーショ

ンが低いのは指示待ち系と同じです。残念なのは元々のパフォーマンスは必ずしも悪くはない。いわば地頭は決して悪くないのに、家ではスマホやゲームに没頭する時間が長く寝不足になって、出勤後は、集中力や注意力が落ちて、結局はローパフォーマンスになる。

　中には職場のルールを守れない社員もいて、頻繁に離席してトイレなどに隠れてゲームなどに耽る。これは<u>雇用契約上の職務専念義務違反</u>であるし、上司などがきちんと指導しないと職場の士気が低下します。もちろん、ゲームが大好きということと、ゲーム依存は別物で、仕事に差し支えてはじめて依存状態といえます。お酒が大好きでγGTPなどの肝機能異常が起こっても、仕事に差し支えがなければ人事労務管理上はアルコール依存ではなく大酒飲みとみなされるのと同様です。

　ルール違反は、これ以外にも上司の指示・命令に従わない業務命令違反や大声を出す、机を蹴飛ばすなどの逆切れもあり、雇用契約上は職場秩序遵守義務違反となります。

　コロナ禍以降のテレワークで、上司や同僚の"目"（点検、監視）が減ったことで、仕事とプライベートの境目がなくなり、スマホ・ゲーム依存が顕在化していることに注目する必要があります。ゲーム依存で問題なのは、ケースでも解説しますが、これ自体が、うつ病等と見分けのつかないケースがあることです。ゲーム依存がうつ病と誤診されることすらあります。また、ドイツや韓国では、<u>ゲーム依存者においては自殺のリスクが高まる（後述）</u>という研究結果さえあります。

　ですから、人事は<u>メンタル不調で休業した若手には、一度はゲームに関して質問する必要があります</u>（7章108ページ参照）。

4. 脆弱性と生育環境

　以上、入社後1〜2年で顕在化する若手の主な脆弱性を1.早期のメンタル不調・自殺、2.指示待ち系、3.スマホ・ゲーム依存としてまとめました。図に示したように、それぞれの脆弱性はメンタル不調や自殺だけでなく、なかなか育ってくれないというローパフォーマンス、スマホ・ゲーム依存は、意図の有無は別にして職務

専念義務違反などの人事労務管理上、無視できない結果を生み出します。

　実は、これらの脆弱性のそれぞれが重なることも多く、その背景には次章で述べる、生育環境（生い立ち）の歪みが大きく関係します。採用においては、適切な生育環境で成長した候補者を選ぶべきです。しかし、読者もご承知のように、行政（厚労省）の指導から、プライバシーに踏み込むことをタブー視している採用担当者も少なくありません。一方、次章に述べるように、家庭内のストレスが自殺に結びつくケースもあり、プライバシーには一切触れないという発想には大きなリスクがあります。結局、使用者には従業員の安全と健康に配慮すべき安全配慮義務がありますから。

　ゲーム依存のある若手社員のメンタル不調や自殺が訴訟になった場合、一般向きのメンタル本でもゲーム依存とメンタル不調・自殺との関係が論じられています。ですから場合によっては〈使用者が当該社員はゲーム依存だと知りえた場合、心身の不調が予見されるので、メンタル不調や自殺という結果を回避する義務が生じる〉という司法判断がされても不思議ではありません。ですから、採用面接だけでなく入社後も私生活に触れないという考えは、現代においては理想論といえましょう。

　とはいえ、行政の指針を守るのは当然であり、本書は採用面接における人材の脆弱性を聞き出すノウハウを解説します。

2章　入社後早期のメンタル不調と自殺

　大手、中堅企業や官公庁では、パワー・ハラスメント（以下、パワハラ）の防止への意識づけが進みつつあり、「先輩の背中を見て育った」という世代から、コーチングやアサーティブ研修を受けた世代が管理監督者になり新人教育も充実してきています。さらにコロナ禍は悪い面ばかりではなく、テレワークを実施している企業では、通勤のストレスだけでなく人間関係のモヤモヤも減っている状況です。それなのに、入社後早期にメンタル不調を発病する新人の存在は人事にとっては悩みの種です。

1．学生時代からの発病

　健康なはずの新人なのに、入社早々、何かのきっかけで学生時代のメンタル不調歴が明らかになる。あるいは精神障害者手帳を取得していることが伝えられるなどの「後だし」が増えています。以下のケースはその典型例です。

ケース1　23歳女性、自動車産業　発達障害

　超有名大学の文学部を卒業し、自動車産業の上場企業の本社採用となった人です。同社が採用する社員の圧倒的多数は男女を問わず工学部の四大卒や院卒でした。文学部卒には違和感がありましたが、採用面接時のなぜかキラキラ光る印象と、「御社が好きです！」という熱い思いと大学名のインパクトもあり採用となりました。

　ところが、研修開始の時点から<u>無断遅刻と無断欠勤</u>が頻発したのです。遅刻といっても10～15分どころではなく、2～3時間というものです。メンタル不調による体調不良にしては、連絡なしの勤怠不良は想定外です。研修課長が、遅刻しないよう勧奨指導を予定していた矢先、本人がやってきました。「学生時代にメンタル不調を発病し、障害の認定を受けました」といい、精神障害者手帳を提出したのです。履歴書の学歴欄をチェックすると<u>卒業に5年かかっ</u>

ており、そのことを問うと、「3年次に1年病気で休学しました」と事もなげに言うのです。

　もちろん、履歴書には精神障害に関する一切の記載はありません。研修課長は、「どこの心療内科に通院しているの？」と尋ねると、「半年前から通院はしていない。海外のネット通販から安定剤を買っているから大丈夫です。心療内科を受診するつもりはありません！」という実に困った反応でした。

　この事例では、会社の複数の産業医や保健師と人事部門が連携し、本人への行き届いた支援を行った結果、入社3年後の現在、発達障害の傾向はあるものの、それなりに良好な職場適応をしています。

ケース2　26歳男性、電気製造業　自殺

　某国立の工学系大学院を1年で中退し、2年間のフリーター生活の後、大手の地方事業所に中途採用されました。中途といっても未経験であるため、課長、主任などの管理監督者だけでなく、同僚たちも優しく丁寧に接していました。パワハラはもとより残業もなかったのです。ところが入社後、半年近くになり、「仕事について行けず迷惑をかけている、申し訳ない」という発言があったため、「採用直後は、そんなもの」と慰め、労っていましたが、その2か月後自殺。勤怠の乱れもなく、職場としては予想外の結果となったのです。

　後日、本社の産業医などが調査に入った結果、大学院の中退はメンタル不調によるものだったと判明しました。

ケース3　22歳女性　食品製造大手　就職4週間で欠勤・退職

　採用後3週間で無断欠勤となり、その2日後に同期入社社員を通じて退職の意向を示しました。本人とはLINEのメッセージでしか連絡がつかないため、両親に連絡をしました。すると大学時代から、人間関係のストレスでメンタル不調となり通院を続けて、何とか留年せず卒業できたとのこと。また本人は友人のマンションに居候しているといいます。自宅に帰るのは週に一度で、親からお金をもらうため。ちなみに彼女の両親とも医療従事者で余裕があり、お受験

組で英会話が堪能なため海外からの材料調達部門に配属の予定でした。

　人事担当者がLINEで何が職場のストレスかを聞いたところ、「別に、同期は良い人ばかり」というメッセージしか返ってきません。わずかな期間だけ職場が同じだった同期たちによると、物静かで目立たないタイプの人だったそうです。

　病気だから仕方がないにせよ、人事にとって残念なことは一度も本人と会話できずに退職となったこと。「別に、同期は良い人ばかり」というLINEのメッセージだけ。新人のために用意した制服、貸与したタブレットPC、自宅からの引っ越し代、ワンルームマンションの敷金と家賃、その他さまざまな損失がありました。目立たないけれども会社がどれほど彼女のことを考えていたか、わかって欲しかった。せめて、「お世話になりました」の一言が欲しかったというのが人事のホンネでした。

解　説

　3ケースとも学生時代に発病したメンタル不調が再発あるいは継続、悪化したものです。

　7章　「採用の実務」で述べますが、履歴書、とりわけ学歴における休学、中退は現代では不登校を含めたメンタル不調による可能性があるため、慎重に面接すべきでしょう。もちろん採用する、しないは企業の判断です。しかし病歴がわかっていて採用する場合、産業医や保健師、そして何よりも人事部門の支援体制が十分整っている会社や事業所は別にして、「多様性、合理的配慮」という建前だけでは、本人と会社の双方が苦労することになりかねません。

　しかし、ケース3のように休学や中退をしていない人では、採用面接ではチェックが困難です。さらに職場のストレスが何であったか不明なので、配慮のしようがありません。

　前述の図4に示したことは、新人・若手のメンタル不調にも当てはまります。ここで大事なのは、社会人としてのルールやマナーが身についていないことです。ケース1の無断遅刻、無断欠勤は土台にある発達障害によるものでしょうが、ケース3のように、無断欠

勤の上、ライン・メッセージのみのやり取りというのはマナー違反であり現実逃避といえます。なおかつ友人宅に住むという図々しさがあります。休業診断書からいえば病気なのですが、『本当に病気なのか？』と疑いたくなる程です。

　しかし、このようなケースでは病気かどうかの詮索は意味を持ちません。出勤できないこと、雇用契約上の労働義務を履行していないことがすべてです。自己中心で子どもっぽい上に自分で責任が取れない、親に依存した自立不全の人材といえます。

2．感情制御不全

　ここでは脆弱性の一種として、感情のコントロールができない若手のケースを示します。とはいっても、上司や先輩の指示命令に逆切れするという怒りについてではありません。

　最近、声を出して泣く新人、若手、それも男性社員が出てきました。比喩ではなく、仕事で文字通り泣くことはあります。でもそれは男女を問わず、失敗やミスをした時など、悔しくて目に涙をにじませるというレベルのものです。身内の不幸ならばともかく、職場という人前で声を出して泣く、それも男性の新人・若手が登場するという一見、特異なケースです。しかし、心理学的には非常に現代的な現象で、今後増加が見込まれますので解説します。

　その前に、涙をにじませ歯を食いしばる、というありふれたケースを示しましょう。

研修医の悔し涙

　ある研修医（24歳）のエピソードです。医師免許を取得して4か月目の頃、胃のバリウム検査に立ち会いました。といっても研修医ですから、助手みたいなもの。上司は撮影室の外で、ガラス越しに患者さんの様子を見ながら機械を操作します。バリウム検査は固くて狭い検査台の上で立ったり横になったり、寝返りをうつような検査。お年寄りや筋力の低下した患者さんにとっては意外に負担なので、助手はこれらの動作を支え手伝うのです。その日の患者さんは中年女性で、体

の動きも割とよく、検査も順調に進み最後に検査台が立てられました。

　患者さんが垂直に立てられた検査台から降りるのを研修医が見守っていると、上司から「先生！」と声をかけられました。意味不明でしたが、ともかく患者さんは迎えに来た看護師さんと一緒に病室に帰ったのです。

　研修医が上司のもとに行くと、「馬鹿たれ！」と言われ、拳骨で頭を叩かれました。「なぜ、検査台を立てた時、患者さんを支えなかった！バリウム検査そのもので死ぬことはあり得ないが、台が立った時に転倒して頭を打てば死ぬぞ！」

　そのことに気づかなかった研修医は悔しさと情けなさで、涙が滲んできましたが、歯を食いしばって耐え、自分の至らなさを反省しました。ちなみに後日、この上司は、研修医が担当していた末期癌の患者さんが亡くなった時、「辛いだろ、最初の受け持ち患者がステる（亡くなること）のは」と慰めてくれただけでなく、昼休みに外出し豪華なステーキを奢ってくれたのです。

　実は、このエピソードは40年以上前の筆者の実体験で、今でも薄暗いレントゲン室のイメージが目に浮かぶほど。また、当時の新人ナースは師長からこう言われるのが常でした。「辛いことがあったら、泣いても良いのよ、でも泣くのはトイレの中だけにして！」

　ちなみに看護師の世界は医師以上にパワー系です。

　さて、以下が現代のケースです。

ケース4　すすり泣く新人

　ある小売り会社の経理部門に入社した新人です。10月のある日、たまたま課長が出張になったため、部長が部下たちの仕事をチェックしていました。ある男性の新人が定型的な書類の入力をしていたのですが、ファイルを間違えていたそうです。新人には良くあることと思い、部長は「○○さん、入力する書類が違っているよ。別の○○○というファイルを使って下さい」と特に感情を交えず伝えました。するとその場ですすり泣きはじめた。子どもでいえば、「え～ん、え～ん」というイメージです。とりあえずなだめていると、

程なく泣き止みました。部長は間違いを指摘しただけで"すすり泣く"新人に、『自分のどこが悪かったのか？　別に叱責したわけでもないし…ともかく恥ずかしくないのか？』と大変当惑したそうです。

　次はより深刻なケースです。

ケース5　泣きじゃくる男性社員　技術職　3年目の男性

　真面目で素直な性格ですが、自己主張をしない覇気のない、なよなよしたイメージの社員です。仕事のスキルは微妙でしたが、メンタル的な問題はありません。3年目になり、少し難易度の高い仕事が与えられていました。

　ある日、教育係の担当課長が彼の仕事をチェックしていました。その人は細かいところをネチネチ詮索するタイプで、若手からは煙たがられていました。その日もある部分につき、しつこく注意したといいます。周囲はどうなることやらと、耳はダンボ状態でした。

　彼は突然、「もう僕には限界！　仕事ができるように見せて頑張ってきたけど、もう限界です！」と工場の床に土下座したあと、横たわって文字通り号泣しはじめました。周囲の人々は何事かと集まって来ました。彼は静まるどころか床に横たわったまま、「家でも仕事ができているように、親にみせていたけど、もう限界。親に叱られる！」とあたかも幼児のように泣きじゃくりながら言い続けるのです。「親に叱られる、親に…」と。

　周囲は茫然自失で、上司は泣きじゃくる状態にショックを受けつつも尋常ではないため、「早退して家で休もう」と指示しましたが、「家には帰れない、帰りたくない！」というばかり。

　上司は致し方なく「産業医や保健師のいる保健センターで休みなさい」と声をかけました。しかし「大丈夫です、放っておいてください！」といいますが、泣きじゃくりは変わりません。

　保健センターに行く、行かないで押し問答になりましたが、保健師が到着し、上司や保健師に支えられ泣いた状態のまま保健センターに着きベッド上に横になってもらいました。1時間後、落ち着

いて早退となりました。

　後日、本人から聞いた話では、この日の出来事を母親に報告したところ、「おまえが悪い、家を出て行け！」と突き放され、親戚の家に引っ越したそうです。その後、適応障害の診断書が出て5か月の休業後、復職となりました。付き添った保健師は当時を振り返り、自分の4歳の娘が駄々をこねて泣いているのと、そのまま同じで大変当惑したそうです。

解　説

　うつ病などのメンタル不調なら泣くのは不思議ではない、という考えは誤りです。うつ病が重いほど、感情のエネルギーが枯れていき、泣くこと自体が困難になるからです。一方、訳もなく涙が滲んでくる、悲しいのか悔しいのか、よくわからない、というのはメンタル不調で感情が乱れた時に起こるものです。しかし<u>小さな子どものように、人前で声を出して泣くというのは、メンタル不調というより感情のコントロールが効かなくなった状態</u>といえます。子どもでさえ、思春期（小学校5～6年）以後ならば、人前で泣くのは恥ずかしいというプライドが育っていきます。したがって、2つのケース、とりわけ2例目の社員は、精神年齢は思春期前、せいぜい小学校4年程度ということになります。

①駄々をこねる

　大人が泣くのは、前述の悔し泣きあるいは、大事な人との死別や離別で悲しくて泣くのが普通です。このケースでは我慢も限界という雰囲気で、悲しさ悔しさという感情ではなく、怒りに近いものでした。同行した保健師の感想のように、例えばショッピングセンターで欲しいお菓子を買ってもらえないので、ひっくり返って泣きわめく幼児のイメージといえます。

　〈駄々をこねる　大人　心理〉というキーワードをネットで検索すれば、「大人の駄々っ子は愛情不足が原因になっていることがあります。自分のことを認めてもらえない、わかってもらえないフラストレーションが溜まって駄々をこねる行為になっているのかもし

れません。相手の承認欲求を満たして安心感を与えてあげることで、駄々をこねることは少なくなることでしょう」という解説がトップに出てきます。

　率直にいえば、大の大人が泣く状況でもないのに、声を出して泣く場合、未熟なパーソナリティーであると同時に、愛情不足で育った可能性があります。

②わかってもらえない怒り

　このケースにおける"感情の爆発"の引き金は担当課長の発言であるのは確かですが、本人はパワハラと主張しているのではありません。「家でも仕事ができているように、親にみせていたけど、もう限界。親に叱られる！」という表現が極めて大事です。ストレスの根本は厳しすぎる母親にあって、事実、母親から家を追い出された。このような"自分の苦しい状況を理解してくれない周囲"に怒りをぶつけた、逆切れしたのです。その証拠に、保健センターに行くことや、早退することを頑なに拒んだのです。そして「家には帰れない、帰りたくない！」という強烈な主張。

③二重人格、解離現象

　そこにいるのはいつもの彼、素直で従順な自己主張をしない目立たない人とは真逆の、別人のような彼だったので、周囲は非常に当惑し困り果てたのです。おそらく、現場に居合わせた人々は、あたかも二重人格の人物を見ているようなショックを感じていたでしょう。

　厳しすぎる親に育てられた人は、普段は素直、従順な「よい子」なのですが、何かのストレスフルな状態になると、「よい子」の仮面を脱ぎ捨てて別な人間のようになり号泣や逆ギレをする。いわゆる二重人格ですが、心理学では"解離する"という用語を使います。

④感情制御不全の原因

　厳しすぎる親の中には、こどもの不安、恐怖、怒り、憎しみ、悲しみなどのネガティブな感情を否定する人がいます。「男の子なら

泣いたらダメ！」、「怖くなんかないの、しっかりしなさい！」などと言われ、悲しさや不安感を口にすると叱られたり無視されたりする。すると、実に皮肉なことですが、感情のコントロールが効かない人に育ちます。要するに、強く育てたつもりが、逆に弱くなる。

　以上は、学校心理学の権威である、元東京学芸大学の大河原美以教授の見解です。

⑤過干渉、支配的な子育て

　さらに重要なことは、大河原元教授によれば、このような感情制御不全や解離という病的現象は、虐待やネグレクトという不幸な家庭だけの問題ではないといいます。子どもが将来苦労しないように、良かれと思って、「よい子」に育てようと大事にし過ぎた家庭でも生じます。とりわけ過保護を越えて、子どもにいちいち指図、命令をする過干渉で支配的な養育で起こりやすいのです。

　一部の読者にとっては微妙な話かもしれませんが、いわゆる「お受験」をさせるご家庭の中で、子どもはチックというやや病的現象を起こすと言います。よくあるチックとしては、瞬間的な強い瞬きや咳払いが無意識的に起こるもので、多くは数か月で治まるものと言われています。中には「チックが起こってこそお受験も一人前」とさえいう母親もいると、大河原元教授は言います。

　早期英才教育を否定するつもりはありませんが、多くの親は「お受験は、子どもが希望してやっている」と子どもの意思を尊重するように言います。ですが、例えば英会話を習う4〜5歳の子どものうち、真に自分の意志でそれを希望する子どもの割合はどれほどでしょうか？　遊びたい盛りに、不本意なことを、親に嫌われたくないないがために行わざるを得ない。そんな気持ちの時にチックが起こり、親の意思が子ども自身の意識になって、お受験が当たり前に感じられる頃になるとチックは自然に治まるのです。

⑥過干渉は思考力の発達を妨げる

　はっきり言えば、過保護を超えた支配的な養育で脆弱性が生じる。支配的と言ってもピンからキリまであり、言うことをきかないと叱

りつけるという強制に近いケース5（泣きじゃくる男性社員）から、言葉巧みに上手になだめすかして親の思惑通りに誘導するケースもあるでしょう。いずれにせよ以下のようなことが生じます。

過干渉では子どもなりに推論し、問題解決し、意思決定する経験が不足して思考力が育たない

出発点は「将来良い大学を出て、大手企業に入社できるように」という親心が、裏目に出てしまう家族が一部にせよ発生してしまうのは悲しいけれど現実です。ペーパーテストが得意でも、これには正解がある、ある意味バーチャルといえる世界。職場はテストのような正解がないリアルの世界です。新人・若手といっても、余りに職場での問題解決力が乏しく仕事ができないことが、本書のキーワードとなる指示待ち系の本質です。

3．私生活のストレスと自殺、二次被害

ここでは、業務上のストレスが余り関係しない自殺を論じます。もちろん、このような自殺は若手の脆弱性にもとづくものですが、その性質上、真の原因が判明しないこともしばしばあります。併せて、一般のメンタル本ではあまり触れていない、自殺の結果生じる各種のリスクについても解説します。

ケース6　地方公務員　23歳男性

有名私大を卒業後、政令指定都市クラスの大きな市役所に就職した方です。真面目で礼儀正しく周囲に気を使い、仕事も新人にしては卒なくこなす職員で周囲からの評判もまずまずでした。所属の係長やメンターを担当した先輩との人間関係も良かったといいます。

ところが、2年目の4月末に突然の自殺。周囲や管理職は呆然自失というありさまでした。人事課が調査に入りましたが、職場のストレスに関する情報はほとんどありませんでした。

しかし、親しくしていた2年先輩の職員から次のような情報が得られました。

　「彼は生前、事あるごとに『親との関係がストレス。職場が救いです』と言っていました。亡くなる2週間ほど前でしょうか、『親とは最悪の関係』とまで言った。私は所属長に相談しようと勧めたのですが、プライベートなことでもあり強く言えませんでした。そのためか、『自分で決着をつけます』と聞き入れてくれなかった。説得できなかった私が悪いのでしょうか？」

解　説

①私生活のストレスと自殺

　職場ストレスが明確ではないケースでは私生活のストレスを検討すべきは当然です。もちろんこのケースにおいては長時間やモラハラなどの公務災害の要素はなく、当局には何の過失もありません。ちなみに筆者が直接関わった直近5年間の事例で、パワハラや長時間労働など明らかな業務上の負荷がなく、私生活のストレスが主体と思われる自殺は3件あり、親子の関係、夫婦の関係、金銭問題（副業の破綻）でした。

　私生活のストレスについては触れるべきではない、という人事担当者が時々います。その結果、職場ストレスをあれこれ詮索することになれば、自殺者の上司、同僚などに多大の負担、負い目をかけることにもなりかねません。

　またコロナ明けの時代ですが、一定の在宅勤務は続きますので、その分、仕事と私生活の境界が曖昧になる。一頃はネットの記事に「テレワーク離婚」というものもありました。それまでのすれ違いのために夫婦間のストレスが目立たなかったのに、在宅勤務で同じ時間と場所を共有することで夫婦間の問題が顕在化することもある。さらにコロナだけでなく、ウクライナ戦争、為替や株などの社会経済の変動は、多かれ少なかれ私生活にも悪影響を及ぼしますから、これを聖域扱いしていると人事労務管理は不十分になりかねません。以下の事実が重要です。

ストレスは公私の別なく
発病や自殺という同じ結果を引き起こす

　未婚の新人、若手の場合、親子関係の歪みが発病や自殺につながるケースがあることを理解しましょう。もちろん、会社が直接関与できる領域ではありませんが、以下に述べるリスクが生じることもあります。

②周囲への二次被害

　1人の自殺は周囲に5人のメンタル不調や不眠症を引き起こすと言われています。ケース6のように親しくしていた先輩へのケアは欠かせません。放置していると自殺者についての話題はタブーとなり、上司や同僚などに多大の負い目をかけます。

自殺についてのエピソード

　Aさん（42歳、男性）は喫煙室で、隣の部門の男性社員（Bさん、39歳）としばしば一緒になることがありました。二人は、天気や車の話など当たり障りのない世間話をする程度の浅い仲。

　ところがある日、Bさんが唐突に言いました。「この喫煙室の斜め向かいにパキラの鉢植えがあるじゃないですか。かなり大きいから、あの鉢植えの裏側で死んでもしばらく見つからないでしょうね」と。余りに過激な発言に、一瞬Aさんの頭は混乱しましたが、我に返り「それってどういう意味ですか？」と尋ねると、「冗談、冗談っすよ」とだけ答え、喫煙室から去っていきました。

　およそ3週間後の朝、Bさんは喫煙室での発言通りの場所で縊死した状態で発見されました。Aさんは、「あの時、もっと話を聞いておけば良かったのか？」と悔やみつつも、あまり親しくない自分に告白されたことに不条理さと怒りすら感じました。

　夜、単身赴任のマンションに帰って、何気なく窓を見ると、そこには人の顔が映っている。自分の顔に他ならないのに、わけもなく怖く寂しくなり気づけば涙がにじんでいるのでした。そして不眠症に。寝付く前に、生前の痩せたBさんの横顔が浮かび上がるからです。心療内科に通院しカウンセリングも受けて3か月ほどで良くなりました

が、今でも時々思うのです。「何であの時、あんな目に遭わなければならなかったのか？」と。

③悲しみが襲ってくるのは後日の場合も

　新人、若手の自殺においては、会社に過失がなくても、親がそのように判断するとは限りません。冒頭で述べたように、圧倒的多数の国民は自殺すなわち職場のストレス問題と認識しています。人事担当者などが『会社には過失は無い、あくまでもプライバシー問題』とタカを括っていると後から泣きをみることにもなりかねません。

　さらに問題は、子や配偶者を失った家族の嘆きや怒りは、出来事の直後ではなく半年あるいは1～2年たって突然、強まってくるケースもあることです。それは、家族の突然の死というあまりにも大きなダメージに対して、脳が感情を遮断して心を守る働きをするからです。何も自殺ではない、普通の亡くなり方であっても、以下のような出来事はしばしばあります。

後日悲しみが押し寄せてくるエピソード

　Dさん（38歳、男性）は、末期の膵臓癌で父親を亡くしました。ずいぶん可愛がられ、時に厳しく育てられた大好きな父親でしたが、臨終の場はもとより葬儀を過ぎても一滴の涙さえにじまなかったそうです。「あんなに可愛がられた息子なのに、冷淡な人だ」という陰口も耳に入りました。「確かに、ドライなんだろうな、自分は」と彼は自嘲しました。

　葬儀から9か月も過ぎた頃、その日は担当するプロジェクトがひと段落した日曜でした。腕時計に何気なく目が行きました。父親には腕時計を収集する趣味があり、形見分けで手にしたタグホイヤーでした。

　時計に関心のない彼ですが、その時は何となく腕時計をはずして目を向けました。すると子どもの頃、父親と一緒にサッカーボールで遊んだ日々を思い出したのです。父親は大学時代、サッカーが得意で、全国大会にも出場したほどでしたが、息子には無理強いせず、「お前は好きなことをすれば良い」とよく言っていました。Dさんはスポーツどころか帰宅部で、パソコンオタクになり、大学時代には各種のアプリケーションプログラムも作成できる程になり、システムエンジニ

アになったのです。

　「そういえば、親父は進路も就職も口出ししなかったけど、よく相談に乗ってくれたっけ」と思い出に浸った瞬間、突然、激しい悲しみに襲われ、「親父、親父！」と言いながら泣き出してしまいました。それは止まりません。次から次へと思い出が押し寄せてくる。情けないと思う余裕すらなく、泣き続けていると、隣室から妻がやってきて、Dさんを抱きしめてくれました。「後から悲しみが出てくる人もいるんだって、そういう時は泣いたほうが良いんだって」と、看護師の彼女の言葉には説得力もあり、泣き続けているとやがて悲しみの波も落ち着いてきました。

④時効は10年後　争いは忘れた頃にやってくる

　このエピソードはほのぼのとしたものですが、ともすると人事担当者は不幸な出来事があっても、1年もすれば脳裏を去っていくものです。日々の業務が余りにも多く、複雑だから、1つの出来事にとらわれてはいられません。しかし、争いは忘れた頃にやってくるもの。債務不履行（安全配慮義務違反）の時効は10年ということを知りましょう。そして、業務上のリスクの程度にかかわらず、種々の出来事は5W1Hでメモ的で良いので、キチンと記録にしておきましょう。

　ここで新人若手の問題に戻りますが、自殺にまで至らなくても、入社後2～3年以内にメンタル不調で長期の休職になるケースでは中年以降の事例と違って、私生活とりわけ家族関係に課題のあるケースがあります。その場合、家族が会社に関わってくることがしばしばで対応法は6章で解説します。ちなみに、自殺に至らなくても長期の休職や、休職期間満了の事例でも、労災を申請し、行政が業務上と認定すれば、次は損害賠償請求訴訟になり被告の会社は敗訴となるリスクが大です。和解となっても、相当な額の支払いが欠かせないでしょう。

　自分の命より大事な娘や息子が、メンタル不調で長期の休職や退職ともなれば、会社の責任を追及したくなっても何ら不思議ではあ

りません。

⑤違和感のある判決

　最後に注意を喚起したいことは、労働者にかなりの脆弱性があっても原告全面勝訴という地裁判決が増えつつあることです。某広告代理店での事案のように自殺の前は健康で、長時間労働やモラハラにより発病したというのではありません。学生時代に不登校歴があり、入社早々にアルコール依存症の治療を受けていたという事案がありました。これは明らかな脆弱性があるケースで、業務上の負荷よりも個体側要因が強い産業医学的には“うつ状態”による自殺と言えるケースです。しかし司法は、業務上の負荷による純粋なうつ病と“診断”しました。

注）「国・福岡中央労基署長（新日本グラウト工業）事件」福岡地判R3.3.12 労判1243.27

　ここで大事なことは、司法判断の妥当性についてではなく、人事や所属長が、会社の過失は乏しいと判断しても、使用者が敗訴することはいくらでもあるということです。

3章 指示待ち系とローパフォーマンス

　いよいよ指示待ち系について論じます。問題解決力が乏しい、モチベーションが低い、協調性に乏しいという3つの特徴があり、同期の新人・若手に比べてローパフォーマーです（図5）。

　当然、メンタル不調になりやすく、入社3年以下の若手におけるメンタル不調の背景として指示待ち系であることが少なくないので重要です。さらに指示待ち系になる原因は、すでに述べたように親が過干渉、支配的であることです。

図5　指示待ち系の3要素と背景

1. 問題解決力が乏しい
2. モチベーションが低い
3. 協調性に欠ける

過干渉・支配的な
子育て

　就労面での問題の現れ方は多彩で、以下のようなエピソードがあります。

1．指示待ち系の特徴とエピソード

・待ちの姿勢

いちいち細かな点について指示しないと実行できない。

・社会常識が乏しい

先輩や上司から見て、その位、社会常識だろうと思うようなことす

ら知らないので、文字通り手取り足取り説明が必要。

・コミュニケーション能力に欠ける

　黙々と仕事をしていると思ったら、ほとんど進捗していない。わからないことがあっても質問や相談ができず自分で抱え込んでしまう。その半面、陰で「上司や先輩は全然、仕事を教えてくれない。もっと社内ネットワークを整備し、新人でもバリバリ仕事ができるようなマニュアル、情報を整備すべき」などという批判をする。

・モチベーションが乏しい

　新人の意思を尊重しようと、何をやりたいのか聞いても、よく分からないという回答。

・失敗を恐れつつ高飛車

　新人向きの補助的な仕事を与えれば、「こんなの派遣がやるような作業だ。社員にふさわしいもっと重要な仕事をさせてほしい」などと思い上がったことを陰でいう。

・陰で見下す

　先輩である主任の前では素直に振る舞うけれど、同期には「主任の出身大学の偏差値は、自分の大学より低い。こんな人が管理職になるなんてレベルの低い会社だ」などと陰で見下す。

・ルール違反

　ちょっと注意をしたら、翌日無断欠勤され、2週間後「適応障害で通院中」という診断書が出た。

2．仕事や人間関係についての特有な考え方と行動

　指示待ち系への人材マネジメントは6章で述べますが、そのためには彼らの仕事や人間関係に対する特有な認識を知ることがポイントです。

①協調性の乏しさ　コミュニケーション能力不足

　指示待ち系の中では、人付き合いが下手で内向的な人も少なくありません。就職や異動で新しい環境になじめない、特に年齢差がある人との関わりが下手で、具体的には質問、相談ができないという特徴があります。会社によってはいろいろな事情で、中高年社員と若年社員が多く30代の社員が少ないというワイングラス状の年齢構成の職場が少なくありません。

　しばしば、職場ストレスの1つとして、「年上ばかりで質問や相談がしにくい」という新人もいます。しかしオッサン、オバサンの集団に解け込めないのでは仕事になりません。

　わが国のようなメンバーシップ型雇用の社会では、配置転換はごく普通のことですが、新しい人間関係になじめない理由の1つは、よもやま話、雑談ができないことにあります。雑談（四方山話）の重要性は6章でも述べますが、共通の話題を持ちにくい年の離れた世代とは、天気やスポーツ、芸能界の話をするのが無難なのですが、悲しいことにそれができないのです。

②個人プレー志向

　以上の社会性の乏しさの背景には少子化に加えて、親戚付き合い、近所付き合いが希薄になったこともあります。また学生同士の横のつながりも低下して、共通の話題はゲームでスマホ・SNSを通じてのコミュニケーションが主体となる。その結果、生身の人間との対話経験が非常に不足し、対人関係で不安や緊張しやすくなります。例えば歩行中に道に迷った時、ガラケーの時代ならば、恥をしのんで赤の他人に道を聞くほかなかった。この"恥を忍んで"という経験が、コミュニケーション能力の開発に役立つのです。

　でも現代ではGoogleがあるから、赤の他人に頼らずに済むようにみえる。そこだけ見るとなんでも問題解決できて、自立しているように見えますが逆なのです。Google先生に頼ったところで現実の仕事の問題解決は無理なのに、指示待ち系は上司や先輩に頼ることをせず個人プレーを好みます。

　赤の他人やはるか年上の先輩に頼ることができて初めて自立とい

えるのですが。

③スキルアップしにくい

　当たり前のことですが、Google先生で仕事の問題解決ができるのなら、会社という組織は不要でビジネスパースンではなく皆が個人事業主になっているでしょう。事実、人付き合いの苦手な指示待ち系の発想は、チームプレイではなく個人プレー志向となります。自分のスキルアップや成長に拘り、先輩や上司の力を借りて仕事を進めるという発想に乏しい。営業力や技術力などのスキルは職場という集団の場で、OJTにより育成されることがわからない。

　さらに問題なのは社会性の乏しい人の多くが、対人関係で不安感を持ちやすく緊張しがちなこと。心理的安全性という概念が流行するのも当然です。Googleが普及した結果、新人・若手の社会性が低下し対人関係で緊張しやすくなり、Googleが心理的安全性をPRするというのは皮肉な話です。

　個人プレー志向は同期の新人・若手に比べてスキルアップしにくく、孤立して仕事を抱え込むので、不安、焦り、憂うつという高ストレス状態になりやすい。社会性の低下でさらに問題なのは後述する他責とのからみです。仕事が思うように回らないのは、報連相を活用しない自分に課題があるから、などとは考えもせず、「仕事を教えてくれない、新人を大事にしない職場が悪い」という発想になりがちです。

④内省（反省）が苦手

　社会性の低下によって生ずるさらに大きな問題は、自分の世界に埋没しがちなこと。公私の別なく、他人との交流が乏しくなると、自分の考えや感じ方を他人によって検証する機会が不足していきます。先輩から「お前、それちょっと違うんじゃね」と言われて、『ああ、そんな考えもあるんだ』と思える新人と、『ひどい、自分が否定された、傷つけられた』という人では天と地ほどの違いがあります。

　さらに言えば指示待ち系では内省（反省）が苦手ということ。他

人の視点に立って自分を振り返る、あるいはもう一人の自分になって客観的に自分を見つめるということが内省・反省なのですが、これができないのでは、やはり能力開発も難しくなりローパフォーマンスになってしまう。

　以上の社会性については、採用段階でチェックすることが大切で、端的にいえば「初対面の人と普通に話せるか」という質問が役立ちます（7章）。

⑤ユーザー意識と他責

　指示待ち系は同期の新人に比べて、会社や上司に対して依存的です。また仕事のスキルに対する独特の考え方があって、それは〈塾や予備校のようにペーパーテストで偏差値を高めるノウハウが仕事にもあるはず。だから、会社はそのノウハウをマニュアル化して教えるべき〉という発想です。つまりは新人である自分は、お客様、ユーザーであり、会社は自分をもっと世話すべきという認識です。

　言葉を変えると、先輩や上司に依存的で、「私を育てて！」という気持ちが満たされないと強い不満を感じ、それを会社や上司の責任と考える他責的な思考が特徴です。それでいて上司の前ではあまり自己主張はしないで、陰で不満をため込みメンタル不調になったり、早期に離職したりします。

　一般的には、メンタル不調になると他責から自責にジャンプするのですが、指示待ち系を土台にした場合、自責の期間は短く他責に戻ってしまう。

　また失敗を恐れ保護的な環境に身を置くことを求める傾向や、判断に自信が持てない、新しいことへの不安や拒否が強い、などの特徴があります。つまり指示待ち系の思考パターンとして、会社に依存的で自立していないため、何か問題が起きると上司や会社のせいにするという他責的な考え方が特徴です。しかし、それを上司や先輩の前では決して口にしない。たとえば一部の人は、匿名でのSNSでは会社の批判をするけれど、見かけは従順なのです。要するに裏表があるのが指示待ち系の特徴でもあります。

　この他責的な思考は一見すると単に自己中心的にみえますが、そ

れだけではなく自分が変わろうとせず、周囲に要求的、言いかえれば<u>依存的</u>であることです。

ある鉄道会社のエピソード

　ある私鉄での新人の発言です。

　「新人や若手がミスや失敗をしないように、キチンとしたレールに乗せて、安全、確実、快適にスキルアップできるよう支援すべき。それが会社の任務ではないか。」

　上司はこの新人を自己主張のできる有望な人とみなしていましたが、あまりのお客様意識に愕然としたそうです。

　このような新人、若手はコツコツ仕事をするのが苦手で、前述したようなノウハウさえあれば楽に仕事ができるはずという認識が特徴です。あたかも仕事のスキルというものは、RPG（ロールプレイングゲーム）に出てくる何でも解決できる「魔法の書」のようなものと考えます。RPGゲームですら、そのようなアイテムは経験値を上げなければ（コツコツ努力しなければ）ゲットできないアイテムです。ゲームからも学べない、悲しい状況です。

⑥歪んだプライド

　彼らの一部には、親が子に失敗や挫折をさせないという気持ちが強すぎて、子どもの主体的な生き方を尊重しません。その結果、不利な状況を乗り越えて身についた真のプライドというものがなく、根本の自分に自信がない。こういう人は、他人にコンプレックスを持っているので、<u>基本的に対人不信</u>、時には対人恐怖の場合もあります。しかし、それでは生きていくのが辛すぎますから、少なくない人が同僚や上司、友人などの<u>他人を見下すことによってプライドを保つ</u>ようになります。

　他人を見下すことで得られるプライドは、当然偽りのものであり、仮想的有能感と呼ばれ教育心理学者の速水敏彦さんが提唱した概念です。

　どの時代にも青少年はしばしば、経験に裏打ちされていない根拠

のない自信を持ちがちで、それによる無分別な行動で失敗する。いわゆる"若気の至り"ですが、それとは違います。仮想的有能感の持ち主は実は傷つきやすく、それを周囲の人には隠し、<u>相手を見下し、馬鹿にすることで何とか精神のバランスが保っている</u>という、かなりの脆弱性があります。ツイッターなどのSNS、あるいは各種の掲示板で、匿名で相手をこき下ろす、傷つける人々がその極端な例といえましょう。後述するように脆弱性を持った若者は、SNSやゲームに依存しがちで、ネットは彼らの依存心とプライドを満たす場なのです。

　では、指示待ち系で仮想的有能感が強い人材は高飛車かというと決してそうではない。上司や人事の前では従順そうにふるまう。なぜかと言えば自分に自信がないから。しかし上司も含めて他人は馬鹿で信じられないという思考なので協調性がさらに低下します。

協調性とは他人を信頼することで生じる

　いいかえれば、<u>相手の立場を思いやる、想像できることも協調性の条件</u>ともいえます。

　要するに指示待ち系の一部では裏表がある（面従腹背の）人材と言えましょう。先ほどの「主任の出身大学の偏差値は、自分の大学より低い」というエピソードの続きですが、翌週、筆者がたまたま本人と主任との会話に立ち会ったところ、彼はおどおどした態度で、「はい…はい」というばかりでした。なお、この若手は後日、仕事のストレスで一時的に不眠症になりました。

⑦メンタル不調は思考の矛盾から生じる

　以上、察しの良い読者なら、「依存的でありながらも協調性に乏しいというのは矛盾ではないか」とお感じのはず。その通りです。この矛盾が公私の人生において困難を招き、同じ年代の人材に比べてストレスを抱えやすく発病しやすくなるのです。

3．指示待ち系の背景

　指示待ち系の根本には、親が過干渉で自立できていないことを述べてきましたが、ここではさらに詳しく述べます。

①過干渉であること

　過干渉とはどういうことでしょうか。同意語としては支配となります。いずれにせよ過保護とは似て非なるもので、自分の思うように子どもを育てたい気持ちが根本にあります。サイト「COCOSIA」（https://seikatsu-hyakka.com/archives/42029）に過干渉な親の行動を10項目上げていますが、重要なもの7つを以下に示します。

過干渉な親の行動

・子どもの意見を聴かない

・友達も親が決める

・親がすべてを管理する（時間、お金）

・親が進路を決める

・子どもの持ち物をチェックする

・何もかもしてあげる

⇒親がすべてを決めて親がすべてを行う

②過干渉な親が目指すもの

　親が子どもに過干渉になる目的はシンプルでキャリア（偏差値）アップに尽きます。

　とにかく塾でスキルを身につけて偏差値を上げなさい⇒とにかく良い大学を出て、良い会社に入りなさい⇒とにかく早くスキルを身につけて出世しなさい

　"出世"の部分は今風の自己実現や成長の場合もあります。

　このような親の視点は昔から至極当たり前のものですが、よくよく考えてみると自分中心的です。何が欠けているかといえば、会社や社会に貢献するという気持ちです。出世や自己実現というものは、会社への貢献への対価といえます。貢献の基本は会社に対して労務

35

を提供することです。その対価として使用者から賃金支払いあるいは健康管理などの安全配慮が受けられるのです。

こういう社会のルールが家庭で教えらないことが指示待ち系で多いのです。貢献どころか会社に対して一方的な権利意識を持ちかねません。高校・大学においては、教育というサービスは、親あるいは本人が支払う学費への対価です。つまり学費の支払いによって教育サービスを購入するので、親が大学に対しユーザー意識や権利意識を持つのは理解できます。

ところが、会社は大学ではないのに、子どもの就職後も会社に対して権利意識をもつ親もしばしばです。このような家庭では、子どものキャリアアップを最優先するため、良い大学に入って良い会社に入れば人生は安泰という理想論を話し、職場での厳しい現実は「心配させない」という口実で話題にしないのが特徴です。このように指示待ち系は社会の厳しい実情やルールを教えられていないから、仕事の厳しさがわからず、些細なことでへこむのです。

また、過干渉な親の一部には、親が子どもの利益を考えるのは口実で真の目的は親自身のプライド（自惚れ）の充足という人もいます。ママ友間のヒエラルキーの頂点に立ちたいというわけです。

③極端な親子依存

最近では過干渉な親が、会社に対してまでユーザー意識を持ち、電話で要望を出してくる場合すらあります。

ケース7-1　制服が気に入らない

ある電気製造業（上場会社）の地方拠点事業所での話です。6月のある日、総務課長のもとに新入社員の母親と名乗る女性から電話がかかってきました。

「娘が会社の制服が気に入らないと言っている。私服で働くのはだめなのか？」というもの。当然、通勤は私服で、ロッカー室で制服に着替えます。総務課長はあきれ果てながらも、職務規定では制服着用のこととなっていることを母親に説明しました。

後日、当の女性新人に、母親から電話があったこと、将来はともかく現時点では職務規定上、制服着用のこと、などと説明すると、無表情で「はい…はい」と答えるばかりでした。

ケース７−２　準備運動を免除して

　同じ事業所の話です。似たような時期に、男性新人社員（設計担当）の母親という女性から総務課長に電話が入りました。わが国の製造業では、始業時に準備体操をする習慣があり、その事業所でも、職種に関係なくそれを行っていました。母親の主張は「息子は朝の準備体操を嫌っている。免除してもらえないか」というものでした。総務課長が本人と面談して、準備体操がストレスであるかを聞いたのですが、「いえ…別に」というだけで明確な意思表示がなかったのです。

　"子どもの喧嘩に親が出る"という格言があって、親といえども子どもに余計な干渉をするなという意味を持ちます。過干渉な親は昔から存在したということですが、現代ではこれが加速しています。また、この２つのケースで特徴的なことは、<u>２人の社員とも自分の意思表示ができていない</u>ことで、これもまた指示待ち系の典型ともいえます。

　「親の顔が見たいと思う前にその声を聞く」という人事担当者が、今後増えていくでしょう。見方を変えれば、指示待ち系の親は子離れできていないと言えます。

　次に述べるケースは、職場にあっても家族に依存する指示待ち系です。一見、極端に見えますが、指示待ち系の本質を考える上で参考になるケースです。

ケース８　母さんを呼んで！

　地方の中堅企業の話です。その日は新人研修の一環として、係長が新人相手に問題解決力の向上のために、初歩的な机上演習を行っていました。係長は何でも正解を与えるようなことは好ましくない

という立場から、新人なりに論理的に考える練習が必要と考え、やや難しい問題を出しました。

　「君なら、この問題はどうやって解決するかな、わからなくても良いからゆっくり考えてみて」と伝え、1～2分様子を見ていると、新人男性は、とてもそわそわした様子です。
　「どうした？」と聞いたところ、新人は「母さんを呼んで」
　係長は一瞬、意味が判らず、体調不良になったのかと尋ねましたが、首を振り、「母さんを呼んで」というばかり。とりあえず休憩を取らせ、体調が悪ければ医療を受診するよう念を押した上、早退させました。後日、新人に事情を訊いたところ、パニックになってしまったので、何と言えば良いのか、どうしたら良いのか母親の指示を受けたかったとのことでした。

④過干渉と依存は表裏一体
　親が子に対して過干渉である目的は、自分の思うように子どもを育てることです。いいかえると自分の理想や基準を子どもに与えることです。表現を露骨にすれば、子どもを支配して、自分の思う通りの人生を歩ませたいということになります。このような親は、一見するとパワフルで親らしく自立しているようにみえますが、逆なのです。親子が同じ価値観を持つというのは、自分と子どもとの間に境目がなく密着していることを示し、これを心理学で母子カプセルと言います。
　デジタル大辞泉によれば、母子カプセルとは、「過剰に密着した母親と子供の関係をいう言葉。通常は子の成長にともなってカプセル（母子一体の世界）が破れ社会性を身につけるが、自我形成期を過ぎても密着関係が続くと、母子が共依存に陥り、子の精神的成長過程に問題が生じることが多い」とされています（下線は筆者）。
　注）もちろん状況によっては父子カプセルもありえますので「親子カプセル」とも言えましょう。

　共依存ということが大切で、親子双方が自立していないというこ

とがポイントになります。あえて明確に書きませんが、家族の入社式へのかかわり方が重要なサインです。逆に過干渉な親の存在を前提にして、割り切った対応をする会社もあります。内定通知のようなものを親に送付し、「ぜひわが社に就職するようお力添えをお願いします」のような文言を入れるそうです。

⑤低いモチベーションの背景

また、子どもの意向を先取りして、少しでも快適な生活、人生になるよう誘導する親もいます。子どもが欲求不満にならないようにという意味では、過保護の側面もあり親心といえなくもない。しかし、物事への欲求不満は意欲、モチベーションの原動力になるので、このような親子関係は子どものモチベーションを低下させます。

以上、本項はある種の子育て批判になりましたが、6章で述べるように、今後その是非は別にして新人・若手の社員に関して家族が会社に関わってくることが増えてきます。対応を誤るとトラブルにもなりかねませんので、背景情報について詳述しました。

以上をまとめると、指示待ち系は、前述したように問題解決力が乏しい、モチベーションが低い、協調性に乏しいといえますが、別な観点からいうと社会人として自立していないという意味で、いわば子どもの状態です。表現を変えると社会性が未熟なので、さしたる職場ストレスがなくても発病するリスクが大きい。特徴的なのは反抗期がないことです。精神が健康な子どもでは、思春期頃に親に反抗する反抗期があり、一種の親離れで自立の大事な時期となります。しかし、指示待ち系には反抗期がなく、親の言い付けを守る「良い子」であったのがほとんどです。ある意味、入社後ほどなくメンタル不調になるのは、遅れてやってきた一種の「反抗期」といえましょう。

4．発達障害に似た指示待ち系

ここで示すケースは指示待ち系としては重いケースで、真の発達障害ではないのに、著しいローパフォーマンスになってしまう例を

示します。

　東日本の都銀における新入行員研修のエピソードです。

　70名の新人が、研修を受けていました。その日の研修のラストには、新入行員が自分の通帳を作るという恒例の行事がありました。といっても、読者もご経験があるように複雑な作業ではなく、申込用紙に氏名を記入して捺印し、一定の金額を添えて、会場出口の担当者に手渡すという極めてシンプルなものでした。その解説については、研修講師が担当する習慣でした。

　いちいち細かな指示は不要なものですから、講師は「見本のように、申込書を書いて捺印してください」と言いました。

　ところが、講師が受講者たちのいる通路を歩いていると、何と自分の氏名を書くべき欄に、見本の名前（住友花子、三菱太郎というような）をそのまま書いた人がいました。講師がその受講者に、「それ、あなたの名前を記入するのですよ」と小声で話しかけると、不審そうな目つきで見返されたそうです。『70人もいれば、そういう新人が1人くらいいても不思議ではないな』と思いつつ、別の通路を歩きながら氏名欄を確認すると、2人目がいました。講師は驚いて、「見本の名前をそのまま書き写した人は手を挙げてください」と言ったところ、やや時間がかかりましたが、5人の手が挙がりました。70人のうちの5人とは7％です！

　講師は内心思ったそうです。『こんな新人は使い物にならない。指導教育以前の問題がある。日本の市場経済はいったいどうなるのか?!』

　読者の中には、『このようなあり得ないミスは発達障害によるものではないか？』とお感じかもしれません。確かに近年、発達障害は増加し、人口の6％におよぶという統計さえあります。

①発達障害が増えたというが

　都銀ならば、有名大学や大学院卒が採用されるでしょう。そして、読者の所属する会社も多かれ少なかれそうでしょう。そして、人事担当者ならば、『学歴からは発達障害のようなローパフォーマーは見分けられない』と痛感されている方も少なくないはず。それにしても、脳の情報処理の機能に生まれつきの障害があるといわれる発達障害が、このケースのように新人の７％も占めるのでしょうか？

　さらに銀行員の業務は融資、渉外、リテール部門など、営業的な要素が大きいのです。融資にしても与信供与のための調査は、自行が行うか外注するかは別にして、かなりのコミュニケーション能力が求められます。銀行では一般に本店は管理を行い、それ以外の支店は内部的には"営業店"と呼ばれるように、行員の圧倒的多数は営業マン。当然、銀行における採用ではコミュニケーション能力が重視されるわけで、重い発達障害の応募者はカットされるはずです。

　結論を急ぎますと、見本の名前を書いた新人の一部は真の発達障害かもしれないけれど、大半は高度な"指示待ち系"だったと推察されます。

②真の発達障害ではないローパフォーマー

　パーソナリティー障害等で多数の著書のある岡田尊司さんは、『発達障害と呼ばないで』（幻冬舎、2012）という本を出版しています。そこには、生まれつきとは言えない、生い立ちすなわち生育の歪みによって、発達障害にきわめてよく似た人ができるという記述があります。生育の問題といえば虐待や放任（ネグレクト）をイメージします。しかし、前述したように過干渉な親の元で育った指示待ち系は、生まれつきの障害がないにも関わらずローパフォーマーになってしまうのです。

　前述した、過干渉な親の７つの行動の末尾（35ページ）に、「親がすべてを決めて親がすべてを行う」というのが最悪です。繰り返しになりますが、子どもの思考力が育たなくなる。認知科学的には、思考は推論、問題解決、意思決定という３要素からなるとされています。親が何でもやってしまうということは、これらの３要素を<u>親</u>

が代行することになるので、子どもの思考力が育たず、指示待ちになるのです。

　逆にいえば、指示待ち系の特性を把握して、適切な人材育成を行えば、同期の新人・若手よりも遅れるけれど、一定の能力開発が可能になります（6章）。

　以上、ローパフォーマンスと低いモチベーションという指示待ち系の特性についての背景を示しました。この度合いが重いと「発達障害」とみなされることもあります。また過干渉な家族の元で育った人は、これに加えて次章で述べるスマホ・ゲーム依存も起こしやすいのです。

4章 スマホ・ゲーム依存

　部下や後輩に、「あなたは酒気帯びで仕事をしていませんか？」と聞いたら、どうなるでしょうか？　あり得ない、馬鹿にしないでください、と憮然とするはず。確かにアルコール依存の社員は稀でしょう。しかし、スマホ・ゲーム依存は職場でもあり得ます。その病状はアルコール依存に勝るとも劣らないものです。予備軍を含めれば、その頻度は決して少なくありません。

1．スマホ・タブレットによる寝不足

　ここでは実にありふれたスマホ・タブレットの長時間使用とその弊害について述べます。後で述べる依存に比べて軽いとは言えますが、気づかないうちにケアレスミスや処理速度の低下など仕事に支障が出ることがポイントです。本項での解説は新人研修にご利用いただければ幸いです。

　リアリティーを増すために合成事例で示しました。特に下線の部分にご注意ください。

合成事例

　上場会社の財務部門の課長である鈴木さん（42歳男性）は、ある日の午後、トイレの帰りに部下の佐藤係長（32歳女性）に呼びとめられました。係長は将来の課長候補と周囲がみなすほど仕事ができる上に、気の利く人でした。

　彼女は耳打ちするようにいいました。「課長、例の資料ですが、項目番号が間違えていました。1，2，3，4とすべきところ、1，2，4，5となっていました。差し出がましいようですが、もう時間がないので引用部分も含め修正し、常務に送付しました。それにしても、課長、寝不足とか不眠症なのでは？　失礼します」といい、去っていきました。

鈴木課長は信じられない思いで、ファイルを確認すると確かにそうでした。それは役員会で使う資料で、常務のCさんはかなり厳しい人なので、ほっとすると同時に、そんなポカミスをする自分に驚き、反省したのです。係長のいう寝不足は確かにあります。ここ1〜2年の間4〜5時間睡眠で朝の眠気やだるさはあるものの、仕事に差し支えることはなかった。時々ケアレスミスはあったけれどすぐに気づいて修正できていた。そのかわりドリンク剤で眠気を覚まし、休日出勤のない土日はしっかり寝だめしていました。

　実は鈴木課長は以前から寝る前に布団の中でiPadを使う習慣がありました。気晴らし以上に投資や仕事での実利を目指したものです。ブルーライトが寝つきを悪くするという常識は彼には当てはまりません。

　まずは株価のチェック。ここ5年、ネットでの米国株投資に夢中でした。2年前離婚したのも、それが原因で内科医の元妻には当時何度も詰められていました。嫌な記憶を振り切り、米国金利が上昇基調であることを確認し、持ち株の半分を利益確定しました。しめて1000ドルのゲット！

　次にウクライナ戦争のニュースを流し見する。株価に関係するニュースは大事です。そして、部下のコミュニケーションに関する教育のためのYouTube動画をみる。これは意外に役立ち、本を読むよりわかりやすく速い。少し眠くなってきたので、最後に芸能欄をチェックすると、お気に入りの若手女優、川辺美春（架空）の画像があり、さっそくスクショで取り込みました。

　そういえば、と気づきました。部下の佐藤係長には川辺美春の面影があることに。こういう女性と結婚していればと悔やむのです。元妻はあれこれ自分の生活に口を出し、指図していたものだった。まるで、口うるさかった、早死にした母親のようだった。

　そろそろ午前1時半になったので、寝ようとしましたが、佐藤係長から指摘された寝不足について、睡眠衛生のサイトを見たら、寝不足のリスクが書かれていて自分に思い当たることばかり。

　翌週から、思い切って寝る前のタブレットの使用を控えました。その結果、睡眠時間を1時間強伸ばせました。1か月ほどたつとポ

カミスは減りました。そのかわり、自分にとって大事なことを指摘してくれた佐藤係長への恋心で苦しむことに。幸か不幸か彼女は『彼氏居ない歴４年の独身』で、来春、経営管理課に異動の予定。

　２年後、彼の恋は実を結び、佐藤係長とゴールインしたのです。ですが、１か月も暮らすと、<u>彼女も前妻や亡き母と同様に、いちいち指図をする支配的な人</u>であると気づいたのです。

解　説

　いろいろと含蓄のある合成事例ですが、ここでは、まずは<u>寝不足の弊害</u>について解説します。いいかえると睡眠の重要性です。

①寝不足のリスク（図６）

１）記憶力低下

　ネットで検索すれば次々と優れた解説が出てきます。中年以降の方では、５～６時間の睡眠時間は当たり前です。しかし、寝不足になるほど、記憶力が低下する事実をご存知ですか？

　実は、<u>ものごとの記憶は寝ている間に強化される</u>のです。

２）判断力、注意力の低下

　また、寝不足は人間らしい脳の重要部分である前頭葉の機能を乱し、<u>判断力、注意力の低下</u>を起こし、鈴木課長のようにケアレスミスが起こりやすくなります。

３）ストレス処理能力の低下

　睡眠中に、人間の脳は不快なストレス感情を処理します。したがって寝不足はストレス処理能力を低下させる。不眠症になると一層この能力が落ちて、メンタル不調となります。

図6　寝不足のリスク

①記憶力低下
②判断力、注意力の低下
③ストレス処理能力の低下
④マイクロスリープ

↓

仕事の生産性低下

徐々に起これば「茹でガエル状態」になり
寝不足を自覚しない

4）マイクロスリープ

　寝不足では数秒間の、自覚のない居眠りが起き、それをマイクロスリープといいます。強い眠気がくれば、誰でも警戒して休憩するのですが、中には前ぶれなくマイクロスリープに襲われることも。居眠り運転での事故の多くはこれによるものと思われています。

5）仕事の生産性低下

　要するに寝不足により、鈴木課長のようにポカミスが増え、判断力の低下も起こるからミスに気づきにくくなる。仮にミスに気づいても、修正の時間も長くなります。ミスが工場、プラント、発電所、旅客などで起これば致命的な結果にもなりかねません。証券、金融などでは、即、経済的なダメージが生じます。少し古い表現ですが、製造業における生産性の要素QCDSEのうちQ（品質）、D（納期）に不具合が起き、結果的にコスト増になる。すなわち労働生産性の低下が起こります（図6）。

6）寝不足への慣れと慢性化

　長時間残業者の産業医面談をやっていると、特に管理職での慢性的な寝不足が多いのですが、当のご本人は「自分は短時間の睡眠で

別に問題はないです」とおっしゃる。つまり事例の鈴木課長のように寝不足なのに、その自覚がない人が多いのです。なぜなら1〜2年以上かけて寝不足になるといわゆる「茹でガエル状態」で身体が馴染んでしまうから（図6）。ですが、眠気があまりなくてもケアレスミスや処理速度の低下は起こります。

　睡眠時間を確保してはじめて、寝不足の時の不調に気づくのです。

②睡眠リズム障害〜休日の寝だめ

　寝不足はかつて、長時間残業が原因でした。現代では特に新人、若手においてスマホ、ゲームによる比率が高まっています。また、本項では単なる寝不足の弊害だけでなく、もっとリスクの高い休日の寝だめについて解説します。

　結論からいうと、平日の寝不足を休日の寝だめでカバーする人が多いのですが、メンタル不調や生活習慣病のリスクをかなり高めることを知ってください。

　次は、筆者の産業医面談からのケースで、ごくありふれたものです。

ケース10　寝る前5時間のスマホ

　Dさん（27歳女性）は中堅の小売業の正社員です。たまたま実施した産業医面談で、筆者は定番の質問をしました。

夜は普通に眠れていますか？
Dさんは少しためらって、こう答えました。
「寝る前に布団の中でゲームをします。それかYouTube動画を観たり、ネット小説を読んだり」

ゲームはどんなのが好きですか？
得意なゲームは何ですか？
「今はまっているのは、ポケモンの最新作です」

夜、どれくらいの時間スマホを使いますか？　先生は年のせいで、
１時間も持ちませんけど
「ええ〜と４〜５時間かな、布団に入って」

それから寝つきはどうですか？
「すぐに眠れるけど、正直、寝不足ですね。だから、休日に寝だめ
しています」

休日明けはどうですか？
「寝だめしたのに、だるくてボーっとしてるのでコーヒーをしっか
り飲みます」
苦笑いした彼女は、どうみても太り気味でした。

解　説 ....

　小売業では当然、シフトがあり、帰宅が21時半など普通です。
Ｄさんの場合、帰宅後、いろいろやって布団に入るのは23時過ぎ
でしょう。それから４〜５時間スマホで遊ぶとすると寝つくのは、
午前の３〜４時となります。翌日が遅番で出勤時間が遅くても、睡
眠リズムがズレていきます。新人若手の生活習慣の乱れとして、ス
マホの長時間使用による寝不足＋睡眠リズムの乱れがあり、仕事上
の不具合や、メンタル不調の原因として重要です。

③睡眠リズム障害とその対策

　規則的な就寝と起床は、脳と身体のパフォーマンスを保つうえで
重要という研究が、ここ10年で明らかになってきました。人間を
はじめ、地球上の多くの生物は体内時計をもっていて、日中は活動
的になり、夜間は休息モードになる仕組みがあります。体内時計が
きちんと動いていれば、日中、とりわけ午前中は仕事への集中力も
高く、眠気も来ない。夜には寝るべき時に眠くなる。問題は地球の
１日は24時間なのに、人間の体内時計の１日は約25時であること。
　地球と人間の１日には、およそ１時間のずれがあるので、放って
おけば１時間近く遅れていき、遅寝・遅起きになってしまいます。

1）休日の寝だめのリスク

　平日の寝不足を休日の寝だめでカバーすると、日曜の夜に寝つきが悪くなる人がいます。これに<u>加えて、翌週の月曜、火曜の仕事のパフォーマンスが低下し、これを睡眠リズム障害</u>といいます。これは単なる寝不足で起こる注意力、判断力や処理速度の低下より重く、あたかも時差ぼけのようになり、社会的時差ぼけとも呼ばれます。

　さらに睡眠リズム障害は<u>メンタル不調だけでなく肥満やメタボなど生活習慣病のリスクを加速</u>することになります。睡眠リズムの乱れは同じカロリー摂取、同じ運動量でも太りやすくなり生活習慣病のリスクを高めるからです。

2）睡眠リズムの調整でスキル＆シェイプアップ

　逆に、休日の寝だめをやめて睡眠リズムを整えると中長期には痩せていきます。食事制限よりその効果は少ないとはいえ、減量可能です。何より、週初めの眠気やだるさが取れて、仕事の集中力が高まります。

　以上の知識については、是非とも新人研修で普及したいところです。

3）体内時計合わせ

　睡眠リズム障害を防ぎ、仕事のパフォーマンスを高めるためには、土日の寝だめをしないことに加えて、体内時計を日々会わせると良いのです。

図7　体内時計合わせ

時計合わせは光、食事、運動で行います。このうち光が最も効きます。朝、目が覚めたら明るい光を目に入れ、きちんと朝食をとること。運動としては大げさなものではなく、眠気を覚ます時の背伸びで良いです。十分な背伸びや軽いストレッチの覚醒作用は、コーヒー以上に即効性があります（図7）。

　また、テレワークに関係しますが、公共交通による通勤はストレスフルですが、かなりの運動になり光を浴びることにもなり、体内時計のセットに役立っています。したがって、在宅勤務は睡眠リズムの障害の原因になりやすく、とりわけ若手ではそのリスクが大です。

④寝不足のカバー法

　日本人の平均睡眠時間は6時間27分で世界のそれの7時間22分より1時間も短く、寝不足ワーストワンです（2018年OECD等の調査）。

　睡眠リズムの調整は、実行できるかどうかは別にしてシンプルですが、睡眠不足自体の調整にはスキルが必要です。しかし、手っ取り早く仕事のパフォーマンスを高める上で、寝不足の改善は非常に効果的なのです。

1）平日の睡眠時間を15分延長

　週末の寝だめは極力避けて、平日の睡眠時間を15分でも伸ばす。
＊睡眠確保は15分×5＝75分

2）昼休みの15分の昼寝（仮眠）

　昔からの産業医学のエビデンスによれば、昼寝（仮眠）は午後の仕事のパフォーマンスを高めます。ルールは3時まで、30分以下です。しかし、30分を超えるとかえって逆効果になる。また、仮眠後に頭がボーっとするのが嫌な方は、仮眠の前にコーヒーの軽い一杯が裏技です。20〜30分でカフェインが効果をもたらすからです。

3）睡眠負債対策

　以上で平日の睡眠時間は15＋15＝30分の増加となります。土日の寝だめも1時間程度なら問題ないのでこの120分を合わせれば、週の睡眠時間は＋270分になり、1日あたりでは40分。世界の平均値には至らないまでも各種のリスクを減らせます。

　以上、まるで貯金や借金返済のような記載をしましたが、産業医学では寝不足のことを睡眠負債といいます。欧米風のドライな発想ですが、寝不足を少しでも改善し、睡眠リズムを整えれば、仕事のパフォーマンスが上がりミスも減ります。会社の立場からからいえば、何もせず儲かるのです。昼休みの仮眠だけでも集中力はアップします。

4）休憩の重要性

　ちなみに、あまりにも多忙なため昼休みもとらずに働く人がいますが、午後まで疲労が続いて集中力と注意力が低下し、労働生産性の点から損な働き方といえます。

　しかし、寝不足への慣れと慢性化の項目で示したように、休憩を取らない習慣も図6で示した慢性寝不足と同様に「茹でガエル状態」になってしまうので、不具合の自覚を持ちにくい。「昼休み？　そんなもの取る余裕はない！」という人は、因果関係が逆で、昼休みを取らないので余裕がなくなるのです。

　一般に仕事中の休憩は、その後の集中力を高めます。個人レベルの働き方改革をしてみませんか？

5）帰宅後のうたたねはリスク大

　これは不眠症に直結するのでタブーです。長時間残業の人には、ついつい夕食後、15〜20分うたたねしてしまうという人がいます。その結果、夜になって増え出す睡眠ホルモンを消してしまい、寝つきを一気に悪化させて不眠症を引き起こします。帰宅後のうたたねは、睡眠負債をカバーするために10日で10％の利子がつく闇金融から借金しているようなものです。

6）YouTube依存に要注意

　以上、寝不足や睡眠リズム障害について解説しましたが、その背景にはスマホ・タブレットの長時間使用があります。最近では自己学習として、ブログのような文字と図のサイトの人気が低下し、<u>もっぱらYouTube</u>が使われています。合成事例の鈴木課長の例で示しましたが、出発点は自己学習でも、いつの間にか趣味の動画になっていくというのが人間の性（さが）というもの。別にGoogle批判ではありませんが、YouTubeは視聴数を稼ぐというビジネスの場でもあるため、嗜好性の高いコンテンツが主流になるのは当然です。次項のゲーム依存に近いYouTube依存にも注意が必要です。

7）私生活関係は教育で

　とりわけ、指示待ち系の一部では、仮想的有能感の項で述べたように、根本の自分に自信が持てません。そういう人は、メンタル不調だけでなく各種の依存に陥りがちです。

　とりわけ、在宅勤務においては公私のけじめが曖昧になりますので、注意が必要です。私生活には踏み込めないなどと安易に考えず、新人研修などで知識を普及しましょう。

　依存にまで至れば産業医や心療内科の出番になりますが、人事がやれることは、まずは教育、知識の普及です。あとは、新人自身の問題と考えてよいでしょう。なぜなら会社や人事は親でも兄弟でもないからです。

　次項のゲーム依存は新人、若手に生じやすく、最悪、自殺のリスクも高める恐ろしいもので、改めて注意が必要です。

2．ゲーム依存

　電車の中で片時もスマホから目を離さずゲームをやってる人がいます。その中の一部はゲーム依存かもしれません。まずはケースからみてみましょう。

ケース11　ゲーム依存　22歳男性　大手商社の関連会社（単独上場）

　新卒採用後、研修期間の３ヶ月目に体調不良が始まり、「適応障害」

の病名で休業となった。中高一貫校を経てＡランクの大学卒で、大学の３年から一人暮しを始めたといいます。休業の２ヶ月目に入った時、当該社員の両親から、人事課長に面談依頼がありました。

　平日の午後に両親でやってきて、主に母親が次のようなことを聞く、あるいは要求してきました。ちなみに人事課長は、両親との面談については、不調者本人の承諾を得ていません。

・休職可能な期間やその間の報酬、人事考課などを聞き、暗に身分保証を求める。
・腕の良い産業医は何処にいるのか、対処を求めるにはどうすれば良いのか、と非現実的な要求をしてくる。

　両親、特に母親は面談を繰り返すたびに会社の責任を問うようになってきました。『復帰支援がなっていない』、『厚労省の基準通りにやっているのか？』というもの。とはいえ入社直後の３か月間の研修はオンライン中心で、大きなストレスはないはずです。

　以下はオンラインでされた産業医面談です。
　産業医が問診すると、実は大学４年にメンタル不調による通院歴がありましたが、コロナのためオンライン授業になり、何とか休学せず卒業できたとのこと。また、母親からは、高校時代から、国家公務員か民間なら上場会社と強く言われていたそうです。
　産業医が本人と面談した時の印象は礼儀正しく丁寧な言葉使いでした。しかし自分から発言したり質問したりすることはなく、表情に乏しかったそうです。唯一、会話らしきものはゲームでした。その産業医もゲームが好きなので、共通の話題のため盛り上がりました。それで相手は安心したらしく、ゲームについて本音を出しはじめました。
　休業中の生活は昼夜逆転に近く、ほとんど外出をしない。自室に閉じこもってオンラインゲームを１日12～15時間以上するという状態。学生時代からゲームマニアで、内定が出てからはそれが加速。親もご褒美として認めていたようです。

以下は会話内容で「」内は本人の回答です。

仕事のストレスは何ですか？
「（しばらく考え）…別に…ないです」

主治医はどんな助言をしていますか？
「ゲームは控えるように」

どんなゲームが好きですか？
私はロールプレイですが。
「やっぱFPS系（ゲームのジャンル名）ですね」

ゲームにはまったのはいつ頃からですか？
「一人暮らしになって、それで内定が出たころです」

　研修はオンラインが主体で、出勤は週に１度。本人は、研修２ヶ月目から、週１出勤を３週連続で欠勤し、所属長から受診を勧められ、休業となったとのこと。
　ゲームの話が終わると、元の活気のない表情に戻りました。療養中ということもあり、かなりだるそうでした。

ひょっとして、わけもなくこの世から消えてしまいたいと感じたことはないですか？
「前はありました、休業する前は。でも今はありません」

死にたい気持ちが消えた理由は何ですか？
「判りません…薬が効いたのか？」

だるいですか？
「大丈夫です」

産業医　「面談を終了しますか？」

「大丈夫です。」

　しかし、彼の態度（だるそうな表情と姿勢）と発言（大丈夫）に食い違いがあるため、前者を優先して面談を打ち切りました。彼は挨拶もせず面談室を去りました。

　その２ヶ月後、復帰可能の診断書が出て、２度目の産業医面談になり、前より元気そうでした。会社はこの間、通常勤務を週４日、在宅を週１としたので、産業医としては、『家にいればゲーム三昧が続くので、復帰した方が良いだろう』と判断し、復帰可能の意見書を出したのです。

　残念なことに、復帰後１ヶ月少々で再休業となりました。

解　説

　結論からいうと、このケースは適応障害よりもゲーム依存症によるうつ状態といえましょう。大学３年から独居になり、親の監視がなくなって、元から好きなゲームに依存するようになって、大学４年の通院もおそらく、ゲーム依存によるものだったと推察されます。

①ゲーム依存はうつ状態を起こす

　ゲーム以外の物事に対する興味や関心が低下し、意欲や気力も低下します。当然、ケースのように勤怠の悪化が起こります。中にはケースのように、自殺念慮（死にたい気持ち）も出るほど。この局面だけみると、精神科医でもうつ病、うつ状態、あるいは適応障害の診断をしても不思議ではありません。

　以下は、岡田尊司さんの「インターネット・ゲーム依存症　ネトゲからスマホまで」（文春新書、2014）から引用したものです（下線は筆者）。

> 　韓国の調査では、インターネット依存（その大部分はネットゲーム依存）を認めた青年の四分の一が、大うつ病の診断基準に該当した。ゲームをすること以外には、まったく意欲や関心をなくし、気分はふさぎ込み、イライラしやすく、睡眠や食欲にも異常がみられることが

多い。

（中略）

　覚醒剤依存やアルコール依存に伴いやすい合併症の一つはうつ状態であり、その程度はしばしば深刻で、自殺に至ることも少なくない。オンラインゲームへの依存でも、同じことが起る危険があり、韓国で行われた研究（Kimetal.,2006）では、インターネット依存の人に自殺念慮が高率に認められることが報告されている。また、ドイツで行われた大規模な調査では、<u>ゲーム依存の人に自殺念慮が多い</u>という結果が出ている。実際、<u>自殺のケースが数多く報告されている</u>。

②アルコール依存と類似

　かつて筆者は、うつ病と診断され、何度も休業を繰り返したケースでアルコール依存を疑ったケースを何例か経験しました。もちろんアルコール専門医の受診を勧めましたが、それに応じたのは１人だけです。それでも、断酒で非常に改善したのは言うまでもありません。

　しかし、アルコール依存は、いつ再発しても不思議ではない病気です。医療だけでなく、自助会に参加し、『来年とか将来のことは考えず、今日一日だけ断酒しよう』という心構えが大事です。

③仕事に支障が出るかがポイント

　読者の中には、『自分もゲーム大好きで、何時間もはまるけど、別に困っていない』と考える方も少なくないはず。その通りです。お酒大好き、大酒のみでも、<u>仕事や私生活に差し支えがなければ依存（症）とは言いません</u>。ゲームも同じです。

④睡眠リズム障害

　しかし、ゲーム依存までいかなくても、１つまえのケース10のＤさんのような場合、長時間のスマホ使用と休日の寝だめで睡眠リズム障害が生じます。

⑤在宅勤務でゲーム依存が顕在化

　ゲームが大好きという人の中には、ケースのように在宅勤務で時間的な束縛が減り、さらにゲームにはまってしまう人も少なくありません。

　それはアルコールも同じです。くどいですが、アル中もゲー中も結果は同じです。そして、15年以上も前から、ゲームの開発においては、『依存性のあるゲームを開発、設計するのはビジネス上、当然』という風潮がありました。

⑥絶対に聞くべきスマホ使用時間

　メンタル不調者や採用面接での候補者に対してはスマホの使用時間をぜひ聞くべきです。そのノウハウは7章（86ページ）に示しました。

5章 依存から自立への道筋

　本章では、改めて<u>自立不全という脆弱性が不適切な親子関係で生じる</u>ことを確認します。これはまさにプライベートな領域で、会社や人事が関わることが難しい、あるいは関係すべきではない聖域のように思えます。しかし親子関係が人材の資質にかなりの影響を与えるという知識を身につけることで、<u>新人や若手の教育・研修そして採用活動を強化する</u>ことが可能となります。

　また次の6章では、脆弱性人材のマネジメント方法について解説しますが、その前段として、少し広い年齢層における自立不全を示してから、自立へのプロセスを示します。採用や人材育成の参考にしていただければ幸いです。

1.　自立不全・中年と幼児

　さて、今まで新人、若年社員における脆弱性＝自立不全を解説してきましたが、ここでは一気に年齢層を広げ、中年と幼児に目を向けます。

　中年の自立不全の根源は、実は幼児期にあることを示します。

①子ども部屋おじさん？

ケース12　親に依存して生きてきた中年社員

　太田さん（51歳、男性、独身）は上場会社の関係会社に勤める技術者です。47歳までは、親と同居して暮らし、特に問題なく就労できていました。ところが、4年前に父親が膵臓がんであっという間に世を去り、それに続いて母親の認知症が徐々に始まりました。

　それでも最初のうち、母親は何とか家事仕事はできていましたが、認知症が進むにつれ、それも無理になった上、いろいろな問題行動を起こすようになりました。そこで周囲の勧めもあり、母親は運よく施設に入ることができました。

　問題解決と思いきや、太田さんはこの頃からしばしば遅刻、欠勤

するようになりました。上司から心療内科の受診を勧められ、「抑うつ状態」と診断されました。しかし、心療内科での治療もあまり効果がありません。産業医が面談をして、<u>何がストレスかを聞いたのですが</u>、「朝がだるくて起きられない」というばかりで、はっきりしません。

その後、症状は改善せず休職となり、やがて1年が経ったので、産業医は主治医に治療状況を書面で問い合わせた結果、以下の状況が判明しました。

太田さんの人生は、長い間、母親に依存してきました。その母親が施設に入ってから、精神的な支えがなくなり、生活リズムが大幅に乱れ、昼夜逆転に近い生活になったといいます。主治医がリワークを勧めても、コロナを理由に拒絶する。その半面、どうしたいのかという自分の意思がなく、<u>逃避的で依存的</u>な態度が続いているとのことでした。休職1年の時点でも、復帰の目処はたっていません。

解　説 ....

いわゆる、"こどおじ"すなわち"子ども部屋おじさん"の一例です。中年以降も実家暮らしで親に依存した生活を続けた人で、親が倒れることによって起こるメンタル不調です。炊事や掃除、洗濯はもとより、中には起床や就寝まで自立せず親に頼っていれば、親の喪失は大きなストレスになります。

こんな状況で「自立」できれば良いのですが、太田さんのように生まれてこの方、50年近くも親掛かりの人生を続けていれば、それは無理というもの。仕事以前に日々の日常生活がストレスになります。

<u>メンタル不調イコール職場のストレスという従来の発想では、理解に苦しむケース</u>といえます。親が健在で、依存できているうちは、太田さんには大きな問題は生じませんでした。しかし、産業医が上司に詳しく話を聞くと、発病前から、仕事へのモチベーションが低い、パフォーマンスに乏しいなど、前述した指示待ち系の特徴がありました。

通常のメンタル不調と違って業務負荷や人間関係の調整という手

段があまり使えないため、職場復帰支援に苦労します。中年以降の不調者においても職場ストレスがはっきりしない場合、家族への依存、すなわち「子ども部屋おじさん、おばさん」をチェックするとよいでしょう。

②自立が妨げられるプロセス

　次は、一気に幼児にシフトします。微笑ましく見えますが、実は深刻なエピソードを示します。善意が出発点であるのに、自立が妨げられるプロセスは、会社が人材育成を考える上でも考えさせられるエピソードです。

エピソード　ひな鳥のように口を開けて待つ子

　ある保育園の話です。ある年、3歳児の年少さんが18人入園してきました。保育士にとっては、お昼ご飯の時が大変です。3歳児はまだスプーンの使い方が下手で、テーブルの上下に食べ散らかします。保育士が手伝おうとすれば、「いや！」と自己主張する子が多く、大騒ぎになる。ところが、不思議なことに保育士が気づきました。自分で食べることをせず、まるでひな鳥のように口をあんぐり開けて待つ子がいることに。合計3名で、全員男児でした。保育士にとっては、無表情に口を開け続ける子どもたちは、違和感を通り越して不気味とも思えました。

　それでも、保育士は熱心に指導をし、自分で食べるようにしつけ、何とか自分で食べるようになるのですが、土日の休みを挟んで翌週になると、またもや口を開けて待っている状態だったそうです。

　話は変わりますが、このシーンを見ていたのは臨床心理士で、後日、ある会社の採用面接に従事することになり、応募者における自立の問題を強く意識するようになったといいます。

　その後、筆者は、ある市民向けのメンタルヘルス研修で、このエピソードをお話しました。すると30代半ばの女性が質問ならぬ批判的な意見を出しました。

「講師は、この話を否定的なニュアンスで話しましたが、働く女性の実情を知らない。子どもが食べ散らかした後に始末をするのが、母親にとって、どれほど大変かわかりますか?!　直接食べさせる方がずっと効率的だし、子どもも喜びますから」

さて読者は、この発言者の意見について、どのようにお考えですか?
若い親御さんの中には、以下のような考えも根強くあります。

・女性が仕事にキチンと向き合い、自己実現をするためには仕方がない。
・幼児が食べ散らかす、衣服を汚すのは問題で、子どものためにも清潔にするのが当然。
・現代では、躾をするのは親ではなく、保育所や学校ではないか。
・子育てにも多様性があって良い。社会はそれを受容すべき。

ちなみに、このエピソードに登場する3人の園児の親は一人親家庭ではありません。しかし、重要なことは、父親＝夫の関与がゼロに近かったそうです。
非常に悩ましいテーマでありますが、親の目指すものはともかく、3歳といえば自立心が旺盛で、文字通り、「生きていく力、社会力」が育つ重要な時期です。善意から出発するにせよ、このような子育ての結果に生じる指示待ち系を会社や人事がフォローせざるを得ないというのは、実に皮肉な話です。しかし、それが現代社会の実情で割り切るしかありません。

2．自立への道
それでは、自立が促進されるプロセスについて以下にあげてみます。これらの諸活動の経験の有無や内容は採用面接に役立つものです。

①お手伝いの効用

　最近は、"学業がすべて、ご褒美はゲーム"ということで、子どもにお手伝いをさせない家庭が増えています。これは実にもったいないことです。結論からいえば、週に１日は塾フリーの日を設定し、お手伝いをさせることが、子どもの自立、ひいては学業成績の向上につながることを示します。

エピソード　雨に勝った！

　小学校５年の女子です。親は５年生になってから、塾のない日の帰宅後は、洗濯物を取り込み、風呂掃除をするようお願いしました。その子は育成系のシミュレーションゲームにはまり出し、お手伝いを早く終わらせたかった。

　いつもは得意な風呂掃除を先にするのですが、その夕方は雲行きがおかしく、雨が降りそうです。即座に、ベランダに出て洗濯物の取りこみを開始しました。いつもは丁寧にするけれど、そんなことは言っていられない。洗濯物を室内に投げ込むほど。

　最後にハンドタオルを掴んだ時、彼女の頬に冷たい水滴が落ちてきた。部屋に飛び込み、ガラス戸を閉めてほどなく強い雨が降り始めました。

　『やった～！』

　思わず彼女はガッツポーズをとりました。雨に勝った気がしました。ゲームでステージをクリアした以上の達成感でした。

解　説 ....

　現代の職場では幾つもの業務を並行していくことを求められます。学校の時間割のような直列の作業ではなく、並列の処理です。とはいえ、担当する業務をどのような順序で処理していくかは、担当者の裁量に委ねられています。売上・利益、難易度、コスト、納期、チームか単独か、色々な条件を総合的に検討して、日々、<u>最も効率的な作業の順位付け</u>をします。どの部署も最小限の要員、短い納期で仕事をするので、<u>仕事の段取り、計画</u>が非常に重要で、この土台にあるのが<u>優先順位付け</u>です。

1）優先順位付け

　個々の作業についての能力が高くても、優先順位付けの能力が乏しいと効率の悪い働き方になり、長時間残業にもなりかねません。メンタル不調の社員と面談して、「優先順位付けは得意ですか、普通ですか、苦手ですか」と聞くと、苦手と答える人が少なくありません。

　エピソードに戻りますと、この子は風呂掃除と洗濯物の取り込みという2つの作業をする必要があった。風呂掃除が好きで得意だから、いつも前者から後者という順番でお手伝いをしていました。ところが、まもなく雨になるという<u>新しい条件が生じた</u>ので躊躇なく、洗濯物の取り込みを優先し、作業の品質（濡れてないこと）を保ったのです。

2）問題解決

　もちろん家事仕事は、家族が作業の目的、方法や道具の使い方、手順そして達成すべき基準を子どもの理解力に応じて教えることが大事です。

　風呂掃除でいえば、子どもは自分の筋力でも湯船を綺麗に洗うために、スポンジでどのように擦るか、経験を通じて学びます。さらに洗剤を床にこぼさず、過不足なくスポンジに付けるコツや、湯船の壁に付いた泡や汚れをシャワーの水で洗い流す時、自分の服が濡れないように注意をすることも学びます。

　つまり、子どもなりに、風呂洗いの上での問題解決やスキル（＝コツ）を身につけるのです。これにはいろいろな要素があって、親の指示・説明で身につくものではなく、<u>失敗や成功という経験を通じて自分のものになる</u>。お手伝いは学校や塾で教育される<u>暗記力や計算力で処理できるペーパーテストとは違う</u>ことに気づくでしょう。

3）内発的動機付け

　以上のようにお手伝いは報酬のないアルバイトとみなせます。しばしば、お手伝いの条件として、お小遣いやゲームソフトのような

報酬を与える親がいますが、かえって逆効果です。

　多少の難があっても、親から感謝されて自分が役に立っていると実感できれば、それが報酬になりましょう。またエピソードのように、他人から与えられる有形無形の報酬（インセンティブ）とは違って、「雨に勝った！」という達成感は、お手伝いへのモチベーションを高めます。

　読者もご承知の通り、動機付けには２種類あって、外部から与えられるインセンティブ（報酬、ご褒美、評価）によるものを外発的動機付け、仕事そのものの面白さや達成感から得られるものを内発的動機付けといいます。

　どちらも動機付けとしては重要ですが、内発的動機付けの方が成績の順位や人間関係に左右されないメリットがあり、メンタルヘルスを保つ上で有用といえます。

　もちろん、お手伝いの大好きな子どもは少数派で、最初は渋々手を出すのですが、上司である家族の評価や助言さえあれば、試行錯誤であるものの、技術力はアップしていきます。

　また、意外に知られていない事実ですが、お手伝いという体験を通じて、優先順位付け、計画を立てる能力、あるいは作業の難易度を評価する能力が身につくと、学業にも大きなアドバンテージとなるのは言うまでもありません。

　以上、自立におけるお手伝いの効用について詳述しましたが、要するに指示待ち系の人材には欠けている能力が養成されるのです。世の中は、偏差値万能で、お手伝いなど無駄の極致と考える親が少なくありませんが、残念なことです。なぜなら、お手伝い、家事において報酬はないけれど立派な労働で、優先順位付け、問題解決、動機付けの初歩が学べるからです。

②部活動

　部活といえば体育会系を最優先する人事担当者が少なくないのですが、必ずしもそうとは言えません。ブラスバンド、合唱などの音楽系は各種の大会、コンテストがあり意外なほど体育会的です。

1）規律と秩序

　部活はクラスルームとは違い、狭いながらも異なる年齢層の人間が、共通の目標のもとに各種のスキルを高めていく集団活動です。何より大事なことは体育会系、文系はともかく、ルールを守り困難に耐えていく能力が養成されるのが部活のメリットです。

　ところでジェンダー的な表現かもしれませんが、自立を考える上で非常に重要なことを書きます。

　前述した社会のルールを守り困難に耐えていく能力を養う親の働きを父性と言い、子どもの希望や要求を受け入れ、包み込む親の働きを母性と言います。正常な発達には両者が欠かせませんがバランスが大事です。別に、一人親家庭でも両者を発揮することは可能ですし、母親が父性を、父親が母性を発揮してもバランスが取れていれば良いのです。この母性と父性のアンバランスが指示待ち系を作るのです（図8）。

図8　母性と父性のアンバランス

　前の章までに述べた自立不全の人は、より正確な表現をすると、過干渉な子育てに加え父性が欠如した状態といえます。

　部活動といえば束縛、不自由などのネガティブなイメージで語る人も少なくないのですが、規律と秩序という枠組みの中で精一杯、奮闘するという経験は現代人が自立していく上で、重要な場面といえましょう。ですから、採用において人事や面接官が学生時代の部活経験を重視するのは当然です。

2）部活における過干渉

　しかし、この分野にもまた自立を妨げる親の口出し、過干渉があるのは残念なことです。「なぜ、うちの子どもがレギュラーになれないのか？」「指導の方法がおかしい！」などの口出しは少なくありません。また、進学面で部活が有利になるという実利主義から、子どもの意思を尊重せず、「○○部に入りなさい」という例も昔からあり、以下に例を示します。

エピソード　朝練が辛い

　20年近くも昔、筆者は消化器内科医でした。ある時、原因不明の胃の痛みということで、小児科医から中学1年生の患者の胃カメラを依頼されました。

　その男の子は胃カメラに我慢強く耐えていましたが、予想通り、胃の中には何の異常もありません。筆者はストレスしかないと思い、いろいろと問診をしました。何が辛いかと問えば「朝練」だと。彼の日々は過酷でした。平日は毎日塾があり終わるのは21時。土日は部活です。そして、朝、7時から朝練習がある。つまり、平日は14時間「勤務」なのでした。当時の筆者は産業医学には疎かったのですが、『過労死の事前演習だ』と思いました。

　13歳のパワーみなぎるはずの彼がどうして朝練が辛いかといえば、絶対的寝不足だから。塾は母親の送り迎えがありますが、家に着くのは午後9時半。それから1時間半は宿題などがあり、あれやこれやで午前0時です。

　朝7時の朝練に間に合うよう起床するには、6時起き。読者にとって6時間睡眠は何ともないでしょうが、13歳の子どもにとってはひどい寝不足になる。朝練だけでなく授業と塾もだるくなり、集中力と注意力も低下するという非常に非効率な状況だった。筆者は付き添いの母親に、もう少し眠れるように配慮をお願いしましたが、「あの子が好きでやっていることだから」と拒否されました。3か月後、小児科の主治医から、その中学生に不登校が始まったと伝えられました。

　おそらく彼の母親は完璧主義だったと思われます。良かれと思ってやったことが裏目に出たのです。

　このエピソードのように週5日以上塾や予備校に通う子どもは現代では当たり前になりました。中には幼児の頃から英会話を学ぶような、いわゆる「お受験」です。これについてはチックの部分で述べてきました（21ページ）。あえて言えば、度を過ぎた「お受験」は、自立不全を通じて指示待ち系やゲーム依存も作るのです。

3）育成の2側面

　家庭における子育てや、学校教育などには、母性と父性について述べたように、大事にされ守られる側面とルールを守り困難に耐えていくことを身につける側面の両者が欠かせません。

　同じことはメンタル不調者の職場復帰にも当てはまります。一部の職場では、不調者の言いなりになって異動させるなど、本人の希望を叶えることを合理的配慮と勘違いする人もいます。これでは周囲の社員の士気が低下するだけでなく、不調者本人にも弊害が生じます。

　保護、配慮の側面と規律と秩序の側面のバランスが大事といえましょう。

4）継続性

　採用面接においては、部活やアルバイトについては、その継続期間を聞く必要があります。これはボランティア活動にも当てはまります。趣味を含めた、すべての活動については、どれだけ継続できたかが評価の基準になるのは当然です。

③アルバイト

　アルバイトは部活に比べて、より幅広い年齢層の人々と働くことになります。コミュニケーションもより複雑になり、チームワークを覚えることになり社会性が鍛えられます。お手伝いで述べた優先順位付けもトレーニングされます。

　確かにスポーツや音楽などの部活でもチームワークの能力は育成されます。しかし、アルバイトにおいては従業員の年齢や経験と能力にかなりの差があるため、相手に配慮する必要があり、部活に比

べて、社会性が高まります。そして、部活との決定的な差は賃金が得られることで、経済的自立の第一歩となります。業種による違いはありますが、小売業や飲食業では、大学時代に3～4年アルバイトを継続すれば、即戦力にもなりえます。

　ただし、アルバイトと言っても社会性を養う上では、チームワークの少ない作業、パソコン入力のような対物業務が中心のアルバイトでは効果が少ないと言えます。接客とりわけクレーム対応のある業務や電話対応は社会性をかなり高めます。

　同様に社会性を高める度合いでは、同年代の学生アルバイトの職場より、中高年も含めた多彩な年齢層の従業員がいる部署が良いと言えます。7章の採用面接でも述べますが、対人業務と多彩な年齢層というのがより高いポイントになります。

6章　脆弱性人材を想定した人材マネジメント

1．脆弱性人材とその育成

　再三述べたように脆弱性のある新人・若手には色々な特性があって、指示待ち系ではモチベーションの乏しさとローパフォーマンスが問題になります。また、スマホ・ゲーム依存では仕事に向けるべきエネルギーを浪費してしまう。会社にとっては困った人材で、昔風にいえば、会社への忠誠心に欠ける、今風にいえば帰属意識に乏しい人材と表現できましょう。

　とはいえ脆弱性人材といっても、いったん採用したからには、少しでも成長させたいものです。本項ではモチベーションの乏しさとローパフォーマンスにフォーカスをあて、人材育成上のコツを解説します。

① 弱点を指摘するだけではダメ

　脆弱性人材のモチベーションの低さの由来は、何に関しても親が指図する、あるいは代行することで生じます。自立不全を言い換えると主体性のないことです。当然、仕事に対する関心が不十分で、色々な業務や作業を自分のもの（責任）として結び付けられません。だからついつい、以下のような叱責をしがちですが、モチベーションが湧くどころか逆効果です。モチベーションが乏しいことを指摘しても、問題解決にはならないからです。

　　　　×「これは君の仕事だろ、なぜキチンとやらない！」

　このような発言をする上司の中には、次のようなホンネが隠れていることがしばしばです。

　　　『まったく使えない部下だ。上司の自分がやるほかない』
　　　『あまりに忙しく、部下を育成する余裕なんてない。自分
　　　　がやった方が早い』

実に皮肉なことですが、まさに指示待ち系の親そのものです。親の動機や目的は、〈子どもがミスや失敗をしないように〉というもので、そのために、〈子どもの主体性は無視して指図する、あるいは大事なことは自分が代行する〉という行動を繰り返す。一般に部下の仕事に対して、弱点を指摘するのが得意な人が多いのですが、そもそも部下の弱点を指摘して相手が改善できるのなら、人材育成など不要です。

　かつてコーチングやアサーティブ研修が盛んでしたが、いつの間にか、廃れました。結局は昔と変わらず"先輩や上司の背中をみて育つ"という状況です。しかし、"背中を見て育つ"ためには一定のモチベーションや、わからないことは質問、相談するコミュニケーションのスキルが欠かせません。しかし、脆弱性人材にはそれらが乏しいのです。今時の新人、若手の事情を把握している優れた上司は、苦労しつつも何とか育てているし、一方、脆弱性人材を育成するノウハウまで持っている管理職も少なくない。

　以下に育成のポイントについて示します。

②モチベーションを高める

1）雑談と自己開示

　3章で示した指示待ち系のような脆弱性人材は、親に逆らうと叱られるので、素直、従順にみえて自分の意見が持てず自己主張が苦手です。上司が仕事の話しかしない職場では、これが加速します。なぜなら、人生経験の乏しい新人・若手にとって、仕事は勉強のようなもの。仕事のことしか話さない上司は、勉強に関すること以外には興味を示さない親や教師と同じイメージを抱くからです。

　自己主張や報連相が苦手な指示待ち系の中には、話すことに不安、時には対人恐怖になる人もいます。脆弱性人材の親は、すべては学業のため、人生で失敗しないために効率的な生き方をすべきと思う理想主義者。だから子どもが『勉強は面倒だ』、『塾はつまらない』等のホンネを出せば「何言っているの、しっかりしなさい」、「弱音を吐くな」と叱られるので、コミュニケーションそのものに不安を持つようになります。この叱り方、あるいは気合の入れ方も度が過

ぎれば、自分が上司や先輩からどう思われているか気になり、いつも人の顔色をうかがう対人恐怖にもなりかねません。

　以上のように育った指示待ち系にとっては、上司の雑談や四方山話に驚きます。内心、『こんなことを話しても良いんだ』とほっとします。

　また人がプライベートなこと、仕事以外の事に<u>自分の意見を述べることを自己開示</u>と言います。そして人間の心の働きとして、<u>自己開示をする相手には安心感を持ちます</u>。

　たとえば上司が、「先週、３年ぶりに海釣りに行ったのだけど、坊主だった。かみさんに格好悪いから、帰りにスーパーに行ってサバでも買おうかと思ったけど、馬鹿馬鹿しいからやめた」などと自己開示をする。それを聴いた部下は『<u>安心できる上司</u>』、『<u>自分の弱みを話せるタフな人</u>』と感じて緊張しなくなり、信頼感も高まります。それが続くことで忠誠心（帰属意識）も高まります。

2）上司が語る失敗談

　これは、意外に知られていないモチベーション・アップの手法です。特に部長クラスの上級管理職がやると効果的です。なぜなら、脆弱性人材における親の価値観は"失敗しないこと"なので、偉い人ほど失敗しないはずという思い込みがある。それなのに、上級管理職が若手の前で失敗を語る。これはショッキングというか自分の価値観を変える程インパクトがあります。

ある工場長のエピソード

　ある80人ほどの工場で、若手の技術者が連続してメンタル不調になりました。そこで筆者が産業医として工場長、副工場長と協議をしました。素晴らしいことに、工場長自ら、アサーティブ研修の依頼をされたのです。「最近の若手は自己主張ができなくなってきた。だから言いたいことも言えずストレスを抱えるのでは」というのが彼の分析でした。

　アサーティブ研修には実習としてグループ討論が不可欠です。さら

に長時間の研修ではなく、短時間の講義のあとに討論を入れる。これを3回ほど繰り返すとより効果的になります。

そこで工場長は「自分も講話のような話をしたいが、どんな話が効果的だろうか」と聞いてきました。筆者が、「今の流行は若い頃の失敗談を話すことです」というと、すぐに納得されました。一連の講義-グループ討論の繰り返しの後、いよいよ「工場長の若い頃の失敗談」となりました。

・・・・・・・・・

工場長が若い頃、出張先で大失敗をした。パニックになりかけたけれど、ただちに上司に電話をして指示を仰いだというものです。出張先から帰って、上司に謝罪に行くと、何ということでしょう。「キミはよくやった。とりわけ、立派なのは失敗に気づいてすぐ私に連絡したことだ」と言われたのです。

さらに工場長は言いました。技術者は時に失敗する存在。まして若ければ当たり前のこと。私は、ミスそのものは怒りません。けれども、見栄を張って失敗を隠す、自分で修復しようとして、報告が遅れた人は叱責します。大きな失敗ほど修復は困難だから、上司の指示を仰ぐべきであり、部下の失敗をサポートするのが上司の役割です。

・・・・・・・・・

一連の研修の後、受講者である若手に感想を聞いてみると、全員が工場長の話に最も感銘を受けたと言いました。

3）ダメ出しは意欲をそぐ

ある上場会社の、100人ほどの技術部門で、社員の不祥事とメンタル不調による退職が連続しました。ストレスが高まり、職場の士気の低下が生じていたのです。いろいろあって、会社産業医が調査、分析し助言をすることになりました。このような場合、弱い立場の若手社員と面談をするのが定番の分析法（ヒアリング調査）です。

でも一人ずつのヒアリングには時間がかかるし、コスト的にも問題が生じます。それで、産業医は入社3年目までの若手18人を対象に、彼らを3つのグループに分けて討論をしてもらいました。テーマは「会社に一言いいたいこと」というもので、もちろん管理職や先輩格の社員は参加しません。

　よほどストレスが溜まっていたのでしょう。不満の山。興味深いことに、表現は違っても、参加者の若手18人全員が同じことを言ったのです。

　「どんなに頑張って働いても、ダメだしされるばかり。上はやって当たり前という態度で、ねぎらいの言葉の1つもない。こんな部署から早く異動したい！」

　ちなみに、ここでの上司とは課長格の管理職ではなく監督者の係長で、不思議なことに課長への不満はみられませんでした。

　筆者がこの産業医から以上の話を聴いたとき、ストレスの中和剤とモチベーション向上のためのねぎらい、感謝の有効性について改めて再確認できました。残念なことに、会社の規模に関わらず不調者が多い部門ほど、社員、部下に対するねぎらい、感謝の言葉が欠けています。

　また筆者はメンタルヘルスの管理職研修では、事あるごとに、ねぎらい・感謝の言葉の重要性を発信しています。

4）ねぎらいの言葉
　ねぎらいの言葉は具体的に言えば以下のようになります。

ありがとう
たすかる、
いいね、
（管理職としての私は）
うれしい
語呂合せでいえば、
『あたい嬉しい』となります

　これらの言葉は、部下や後輩の承認欲求を満たすツールで、仕事

へのモチベーションと会社と上司への忠誠心（帰属意識）を高め、ストレスへの抵抗性を強めます。いいかえると、モチベーション理論でいえば、ねぎらいの言葉がインセンティブになりコストも不要！　むしろ、現代人は昇給、昇格のような経済的なインセンティブよりも、上司からのねぎらいの言葉を求めるとさえ言われています。

　でも、現場の管理職の率直な気持ちは別でしょう。ある研修で、次のような受講者の発言がありました。

・「そんな言葉をかけると、部下がつけあがる」
・「心にもないことは言えない」
　まさにパワー系的な管理職の感想といえるもの。講師は「心にもないことを言うのが管理ではないでしょうか？　身についていないことを、身につけるのが技術であり、人材マネジメントも同様です。ですから、是非とも「ありがとう」「キミのお陰で助かった」と壁に向かって言う練習しましょう」と体育会系のノリで返したそうです。

5）承認欲求に飢える脆弱性人材
　実は、脆弱性人材ほどねぎらいの言葉を欲しています。学校を含めた子ども時代に、教師や親から、自分の存在を認めてもらえなかったというのが、脆弱性の原因の１つだからです。

　ねぎらいの言葉がけは、開始した当初は、脆弱性人材ほど警戒したり無視したりします。しかし、承認欲求の充足はジワジワ効いて行きます。

注）とはいえ、ねぎらいの言葉がけは人材マネジメントの手法として大変有効ですが、社員個人の心がけでできるとは限りません。改善活動同様に職場において組織的な仕組み作りが有効です。この仕組みを作り上げたのが Unipos 株式会社です。同社は、この取り組みにより、社員のモチベーションが高まり、心理的安全性も改善するとしています。

③指示命令のあり方
　脆弱性人材において、指示待ちの要素が強いほど、ローパフォー

マーであることはケース９見本の名前を書く新人（40ページ）で
示した通りです。中には発達障害のように思える程です。上司から
すると、内心、以下のように感じたり、口に出したりすることもあ
りましょう。

・そのくらい社会常識だろ
・もっと自分で考え、判断しろ
・場の空気を読め
・上司の意向を忖度しろ
・何度言ったらわかるんだ、少しは考えろ

　このように言いたくなるような部下や後輩はローパフォーマーの
可能性があるので、早めに上級管理職に報告、相談すべきです。以
下に述べることは、脆弱性のない新人にも有効な手法です。また、
原因は別にして、勤続年数に見合わないローパフォーマーにも役立
ちます。

１）指示命令は明確に

　指示待ち系でローパフォーマーの社員は、子どもの頃から親から
あれこれ指図されて生きてきたので、自分で考えろといっても、そ
の経験がないので無理です。
　５Ｗ２Ｈで明確に指示命令するのがポイントです。
　何時から開始し、何時まで（期限）、どこで、誰と一緒に、どの
ように（HOW）、予算は幾ら（HOW　MUCH）という具体的な指
示をしましょう。脆弱性がなくても新人に対しては、最初はこのよ
うな指示をするのがスキルアップに役立ちます。

２）指揮命令系統を乱さない

　直属上司が主任・係長であるのに、先輩やベテランが、新人、若
手に対して「この仕事を少し手伝って」というのはよくある話です
が、指揮命令系統を乱す不適切な行為です。スキルが乏しい新人・
若手にとって、指揮命令系統の乱れは大きなストレスになるのです。

これは通常のメンタル不調者への対応にも役立ちます。

3）固定電話に出るのがストレス

　筆者が５年ほど前に、ある会社（重電）の２年目以下の社員15人を対象にアサーティブ研修を行いました。「ストレスの一番大きな作業は何か」というテーマでグループ討論をしました。苦手な先輩と組む時、というよくある意見の中に、「事務所の電話に出ること」という若手が３人いました。

　その理由を聞くと内線、外線にせよ、知らない人からの電話を受けるのは緊張する。経験不足なのでどう対応したら良いかわからない、間違ったらまずいというもの。他の受講者からは、「自分で考えてわからなければ、先輩を呼べば良いじゃん」という意見でした。

　固定電話の対応が苦手というのは、社会性の低下のサインで、指示待ち系によくあります。

　携帯電話が普及する前、子どもの役割の１つは電話番でした。親戚、家族の友人・知人、仕事上の関係者などから電話が来ると、「今、いません。７時に帰ってきます」などと対応する。家族が帰宅したら、「○○という人から電話があったよ」と固定電話のそばのメモをもとに報告する。

　今では、家族のそれぞれが、スマホでやりとりするので、固定電話はお飾り。それがない家も少なくありません。ですから、知らない人からの電話対応の経験がない。その結果、対人恐怖傾向のある人、ミスや失敗を恐れる社員、要するに脆弱性人材ではこれがストレスになる。

　新人に電話マナーを教える前に、新人・若手の中には脆弱性人材がいることを念頭におくべきでしょう。

4）他部署に安易に応援に出さない

　職場が閑散期になると、繁忙な部署に数ヶ月ほど応援に出す会社があります。社会性が乏しい脆弱性人材は、「自分の上司は応援先の管理職か、現部署の管理職か」で悩み混乱します。一般にスキルが身についていない新人、若手は安易に応援に出すべきではありま

せん。最悪「適応障害により要休業」の診断書が出かねません。

5）上司から声をかける

　報連相をしない新人・若手に対する上司の勘違い発言の例として以下のようなものがあります

・何かわからないことがあったら、気楽に質問しなさい
・コミュニケーション、特に報連相は大事なので、積極的に行ってください

　脆弱性人材でなくても、新人・若手にとって未経験の業務はわからないことだらけで、「何がわからないのかわからない状態」なので、あまり意味のない声掛けといえます。ですから、地位に関わらず、上司が「今、何か困っていることはないかな？」「今、○○の仕事はどこまで進んだかな？」などと自ら声をかけるべきです。

6）具体的に質問する

　指示命令と同様に、進捗状況の報告などを求める場合も、５Ｗ２Ｈのように具体的な質問をしましょう。

・○○君、例の案件、どうなった？

　これも、"例"、"どうなった？"というあいまいな質問です。経験豊富な部下ならば、背景情報が共有されているので、あいまいな部分を補完して答えますが、新人・若手とくに脆弱性人材では、混乱を招きます。

7）なぜ、は詰問

　しばしば、何故やらない、何故できないという、「何故」が好きな管理職がいますが、洋の東西を問わず、WHYは詰問でもあります。
　以下のように他の疑問詞で肯定的な質問をするのが問題解決につながります。

HOW：ミスを減らすには、どうすれば良いかな？
WHEN：どの時点で対応すると効率的かな
WHO：誰と組んだら上手く行きそう？

まとめ

　現代の新人・若手に対しては、以上のように<u>仕事の枠組みを明確にする</u>ことが育成のポイントです。脆弱性人材の本質の1つは、経験不足。自分で判断、忖度できない人間にそれを求めても難しいです。まずは容易な作業をさせて、<u>経験を増やし、ねぎらい・感謝の言葉でモチベーションを高めましょう。</u>

　また、以上に述べたことは、"年齢や職責に見合った能力がない"というベテランのローパフォーマーやメンタル不調者にも有効な手法です。

2．脆弱性を土台にしたメンタル不調者への対応

　本書で今まで述べてきたテーマは、脆弱性のある新人・若手の問題で、自立不全による指示待ち系や感情制御不全、あるいはスマホ・ゲーム依存でした。いずれも<u>家族関係や帰宅後の私生活というプライバシー</u>が関わっています。それにも関わらず、メンタル不調に関する行政の指針（精神障害の労災認定基準）や司法の判断ではプラ

図9　古典的うつ病と新型うつ病

古典的うつ病
①律儀で几帳面な社員が長時間残業や人間関係のストレスで疲弊して発病
②薬物療法と休養で後遺症なく回復

いわゆる新型うつ病
①旅行や趣味などは可能
②回復が長引き休業を繰り返す
③逃避的、他責的な思考と行動で
　人事担当者の指示やアドバイスに応じない
④人事担当者は戸惑い腹立ちも感じる

イバシー問題は軽視されてきましたがそれは当然です。メンタル不調が業務に起因する基準を作る前提として、業務外の要素を除外することが欠かせないからです。

　かつて人事担当者の中では、"新型うつ病"というネット、マスコミ用語が使われていました。それは、"就労不能といっても、休業中にはゲームやSNSの投稿、更には旅行など趣味ならば可能というもの。本来、うつ病は意欲や興味関心が低下するはずの病気だから仕事も趣味もできないはず。半分怠けではないか、本当に病気なのか"というようなニュアンスで使われていました。また新型うつ病という用語が使われていた当時、従来の「古典的うつ病」は律儀で几帳面な人材が、仕事に没頭しすぎて過労の果てにうつ病を発病したというのが常識でした（図９）。

　そして新型うつ病という用語は、それが多数を占める現在、死語となったようです。でもこれはまさに本書に示した新人・若手における脆弱性人材の行動パターンに当てはまることにお気づきでしょう。

　要するに現代のメンタル不調者対応、ひいては健康な社員の人材マネジメントにおいても、私生活の問題がつきものです。

　本項では紙幅の関係で、人事にとっての社員のプライバシーについて、休業時における家族の関わりへの対応方法という問題に限定して述べます。

①不適切な療養行動への対応

　スマホ・ゲーム依存ではなくても休業中の私生活の逸脱はいくらでもあります。旅行をする、資格取得を目指す、転職活動をするというケースも稀ではありません。しかも、主治医は「それがストレス解消になるならOK」あるいは「メンタル不調が治ってきた証拠、無理をしない範囲なら良い」と言うのです。そういった情報ほど職場に伝わりやすく、当然、組織の士気は低下します。「私も適応障害になって、北海道旅行をしたいな」、「俺なら半年ぐらい休業して、社会保険労務士の資格を取って脱サラする」などというひそひそ話

がつきものです。

　もっと問題のある事例は、コロナ以前の話でしたが、休業者とその妻が毎週のように居酒屋に行って、大量の飲酒をしているのを同僚が見たというケースがありました。同僚がそれとなく注意をしたら、「主治医からストレス解消になるなら少量の飲酒もよい、といわれた」と答える始末。しかし、どうみても大量飲酒で精神安定剤服用中の患者にはあり得ない話で、各種の事故のリスクも大きくなります。

　現代のメンタル不調による休業者は、指示待ち系を土台にした新人・若手もそうですが、産業医や人事担当者からの助言に対し「プライバシーの侵害」、「プレッシャーをかけすぎ」という他責的な反論をしがちです。会社や社会の空気が読めない、社会性の低下そのものです。この場合、対応の原則として雇用関係という法的な枠組みが役立ちます。

　私傷病休職制度における法的枠組みの主なものをあげれば以下の2つです。

A　休職は雇用関係を維持しつつも、労務の提供を免除した状態
B　休職制度の目的は速やかな復職を目指すもの

　Bが大事で、現時点では労働者の療養専念義務は判例で明示されてはいませんが、社会通念上不適切な療養状況は放置してはいけません。休職中ということもあり、その旨を産業医から主治医に情報提供すべきです。また、旅行や資格取得などの勉強が可能と言うことは、意欲と集中力が回復したことを意味し、復職を勧めてもよいでしょう。居酒屋の例でいえば、人事担当者が本人と面談する場合、上のAやBに基づき、あなたらしくない、残念だというソフトな表現で大量飲酒を注意すべきです。

　以上、不適切な療養行動には産業医から主治医への情報フィードバックが有効です。

参考）峰隆之編　鈴木安名　北岡大介著　『メンタルヘルス対策教本』（日本経済新聞出版、2020年）

②休業中の家族とのかかわり

　現代では、その是非は別にして、会社は家族と関わらざるを得ない状況が生まれています。

　ケース8母さんを呼んで（37ページ）は笑い話に思えますが、ケース11ゲーム依存（52ページ）では、深刻な面があります。このケースはゲーム依存と同時に家族問題があります。

・家族が会社に面談を求めてくる場合

　かつて、メンタル不調者の復職支援の経験が蓄積されていない時代には、人事側から積極的に家族の協力を求める会社もありました。

　しかし、会社と雇用契約を交わしているのは、本人だけであって、家族は含まれません。また、各種のセキュリティー上、社員や取引業者などの関係者以外は、会社の構内に立ち入ることは望ましくなくて、やむをえない場合にも、それなりの手続きが不可欠です。

　昔（今もそうでしょうが）、筆者がある自動車会社で研修講師を務めた折、受け付けの保安所で、カメラ付き携帯電話を預ける必要がありました。極論すると、事情を一定知っている"家族"以外の第三者が、家族と称して色々な法人情報を不当に入手することもありえます。

　筆者が内科医時代、患者の妻と称する年配の女性から、「夫の病状を教えてほしい」というような話が時々ありましたが、本人同席でない限りお断りしました。患者が資産家の場合、遺産相続などで悶着があっても不思議ではないからです。また、患者に知的障害や認知症がある場合は別にして、主治医が本人を外して家族と面談すれば、患者は不快に思うのが普通です。

　しかし家族が過干渉で、子どもである社員の意向などお構いなしであることが多い現在、面会を希望する親の存在は無視できません。

　以上をまとめれば、会社が家族と安易に会うのには2つの大きな問題があります。
Ａセキュリティーの問題
Ｂ当該社員と会社との信頼関係の低下

ケース11ゲーム依存（52ページ）では、両親との面談は、不調者本人の承諾なしに行われました。自立の程度は別にして、本人の会社に対する不信感が強くなるリスクがあります。

　メンタル不調者の家族といっても、人事は安易に会うべきではありません。
　発病に長時間残業やモラハラなど業務上の要素が乏しい場合は、AとBを根拠にお断りをして、発病の経緯や支援策などはご本人に聞いてくださいと断ってもよいでしょう。
　どうしても家族と面談する必要がある場合、下記のような合意書を作成し、本人同意の証拠を残すべきです。あくまでも家族との面談は例外であって、1回を原則とすること。さらに、本人の自立を促すためにも、本人、主治医、会社・産業医で療養に関する問題を明確にするとすべきです。

> **合意書**
>
> 　会社は家族の方と雇用契約を結んでいるわけではありません。また、家族の方といっても、会社がご本人に無断で発病の経緯やストレスについて話すことは、会社とご本人の信頼関係を低下させます。
>
> 　したがって、家族の方と会社担当者との面接にはご本人の承諾を必要としますので、ご本人の署名をお願いします。
>
> 　　　　○年○月○日
> 　　　　社員氏名（自書）：
> 　　　　家族　続柄（　　　　）
> 　　　　家族氏名：

　くどいようですが、発病の背景に過重労働やモラハラが関係する労災認定リスクが高い場合は全く別です（後述）。

　またケース7－1制服が気に入らない（36ページ）、ケース7－2準備体操を免除して（37ページ）のような電話対応も、最低限、本人の了解を取っていますか、という確認が不可欠です。

③実家での療養を拒む場合

　一人暮しの休業者に対して、『自殺でもされたら大変だ』という思いから、実家での療養を強く勧める人事担当者がいますが、これも微妙です。次は主治医（心療内科）から見た親子関係です。

ケース13　親が来る、大変だ！

　その患者は26歳の女性で大学院卒、ある有名メーカーの研究開発職の社員です。入社後半年でメンタル不調（適応障害）により休業になりました。半年の療養で復職したのですが、わずか３日で再休業となってしまいました。その上、なんという不運でしょうか、受診中の医療機関の医師が急死し一時的に閉院となってしまったのです。会社産業医の紹介で、別の医療機関の医師が治療を引き継ぎました。表情に乏しく、主治医から話しかけない限り、自ら会話しないタイプだったそうです。

　ストレスは何かと主治医が聞くと、「院卒なのに、まともな仕事がもらえず、雑用ばかりさせられていたことです」と答えます。診断名などは割愛しますが、次の主治医が診療を引き継いで３か月目、７月中旬のことです。いつもは無口な彼女が珍しく自分から語り始めました。

　「とても困っています」と言うのです。「何に困っているのですか？」と聞きました。

　その会社では毎年８月に、会社の外にあるスペースを使って“夏祭り”をするといいます。そこで社員が食べ物、飲み物など模擬店を出店するのですが、そこに去年と同様、遠方から両親がやってくるというのです。

　それだけでは意味不明なので、「親御さんが来ることが、どうしてまずいのですか？」と主治医が聞くと「自分が会社を休んでいることが、親にばれてしまう。そうなれば叱られて、実家に連れ戻されるに決まっている。それだけは嫌！」とのことでした。

　結局、彼女は９か月も会社を休んでいるにもかかわらず、そのことを親に伝えていないほど、親子関係の歪みがあるのでした。

　しかし適当な理由をつけて親の来訪を断るというコミュニケー

ション能力はないようです。主治医は、「その夏祭りの前後1週間は、遠方に出張しているので、会えない」という口実で来訪を断るようにアドバイスをしました。彼女は「嘘をつくのは嫌です」というので、「親御さんに来られるよりはましでしょう」と言うと渋々ながらうなずきました。主治医のこのアドバイスで丸く収まったとのこと。

解　説

　親と暮らすのが大きなストレスになるので、実家での療養を拒んだ事例です。

　おそらく、過干渉で支配的な親に反発して、実家から遠い会社に就職した。一人暮らしで自立している分、社会性があります。ケース8母さんを呼んで（37ページ）よりはるかに良いのですが、親子関係が反抗期レベルにとどまっており、大人同士の関係になれていない不完全な自立です。こういうケースでは、上司とそりが合わないことも多く、上司に対して嫌いな親をイメージすることもあります。

　家族関係に歪みのある一人暮らしの社員のケースでは、実家で療養しないどころか、このケースのように休業自体を伝えていないこともしばしばあります。

　単身者の療養先については、業務上の要素の有無で、勧奨指導の方法が変わってきます。業務上の要素とは、長時間労働やモラル・ハラスメントなど精神障害の労災認定基準を満たすような発病のプロセスを示すケースです。

1）業務上の要素が乏しい場合

　まずは本人の意思を尊重しつつも、休職の事実は家族に伝えるように指導すべきでしょう。一方、自宅での療養の意思を尊重しつつも、会社から家族に連絡しない替わりに、人事担当者との連絡は守ってと、交換条件のように提示します。

2）業務上の要素が多い場合

　メンタル不調の原因が業務に起因する要素が多ければ、労災給付の対象となり、かつ安全配慮義務違反による損害賠償請求等のリスクが生じます。もちろん社員におけるプライバシーの問題がありますが、自殺や自殺未遂という事態のないよう、最大限の配慮が求められます。このためには、実家での療養をさせるべきですが、本人の同意が得られなければ、会社産業医と主治医との連携をする必要があります。

　自殺そのもののリスクを評価し予防を行う役割は、休業中においては会社人事や産業医ではなく、主治医です。自殺のリスクが高い場合は、衝動性を抑える薬剤を処方し、必要な場合は入院医療となります。また主治医は当然、そのリスクを家族に伝えて、監視などの役割を果たしてもらうのです。

　したがって業務上の要素が多い場合、会社産業医は、その旨を情報提供書に記載し、自殺の評価やその防止を主治医に依頼することになります。できれば、文書に加えて電話でその旨を伝えるのが良いでしょう。この場合、産業医は当該社員に関するプライバシー保護よりも、安全配慮を優先する観点を主治医に説明する必要があります。そして、療養先や家族への情報伝達については、主治医に判断してもらうことになりましょう。

7章 面接の手法

　重い指示待ち系の特徴は発達障害の傾向をもつ人と似ていることです（3章39ページ）。本章においては『重い指示待ち系と発達障害の傾向をもつ人』を便宜的に「ローパフォーマー」と定義し解説しますが、ここでは主として以下の2つの領域につき評価します。ちなみに以上の脆弱性のチェックを目的とする面接は15分程度を想定しています。可能ならば通常の質問を行う面接官とは別の面接官がこれを担当するとよいでしょう。

> **社会性のあるコミュニケーション能力**
> ・家族（身内）との関係
> ・アルバイト、部活仲間との関係
> ・知らない人との会話
> **自立の度合い**

　ここでの社会性のチェックは、家族との関係、アルバイト・部活仲間との関係、さらに知らない人との会話という3領域で行います。また本章では面接の評価に関して、ミスマッチ人材という表現を使いますが、入社後、ローパフォーマンスであったり、メンタル不調になり易かったりするリスクの高い人材を意味します。

1. 社会性のあるコミュニケーション能力のチェック

　本章では家族や親子という単語を自主規制して“身内”という言葉に置き換えています。後述する想定問答に見られるように、“身内”は親戚も含む家族より幅の広い概念で、ローパフォーマーの候補者にとっては違和感があるかもしれませんが、かえってそれがよいのです。

　指示待ち系のようなローパフォーマーの特徴を改めて以下に抜粋します。

> **職場において**：いちいち細かく具体的に指図しないと動けない。上司
> 　　　　　　　　の意図を察して先回りできない。
> **面接において**：曖昧な質問に当惑する。面接官の意図を察して答える
> 　　　　　　　　のが苦手。また、質問と答えが続く場合、会話の流れ
> 　　　　　　　　を先読みして的確に答えることが苦手。

　通常、面接官は候補者の立場にたって、わかりやすく、誤解の余地のない会話を心がけますが、あえて曖昧にして、質問の全体から面接官の意図を察する能力を評価するのがポイントです。ローパフォーマーの候補者にとって、わかりにくい質問がされた場合の反応は主として次のようになりがちです（表1）。

表1　ローパフォーマーの反応の特徴
（1）かみ合わない回答 　特に迷わず、質問者の意図とはずれた会話をしていく。
（2）意味や定義を質問する 　曖昧な単語について、「意味は、定義は」などと質問してくる。
（3）オープン・クエスチョンが苦手 　具体的、個別的な質問でないと答えるのが苦手。
（4）主語が欠ける 　情報、状況が共有されている身内や親しい人同士では主語が欠けても会話は成り立ちます。しかし採用面接という他人との間では問題になります。
（5）回答困難 　何をどう話したらよいか、当惑、困惑し回答できない、かなりのローパフォーマー。

　社会性のあるコミュニケーション能力の評価をする質問は以下の表2の通りです。ここでは新卒の女性候補者を想定し具体的な会話の例を示します。

表2　社会性を評価する質問
身内との関係１ 「人間関係についてのお考えを聞きます。身内の方で一番お話をされるのはどなたですか？その方は、あなたにとってどんな存在ですか？」
身内との関係２ 「その方に、自分から感謝の気持ちを伝えたいと思ったとき、具体的にはどんな方法で感謝の気持ちを伝えようとしますか？」 「その方には、どんなことをしたら喜んでくれると思いますか？」

　以下からは、想定される問答を示しますが、微妙な回答とはローパフォーマーを示唆するものをいいます。

①身内における関係

> **質問例A　身内との関係１**
>
> 　「人間関係についてのお考えを聞きます。身内の方で一番お話をされるのはどなたですか？その方は、あなたにとってどんな存在ですか？」
>
> **微妙な回答例Aの１　かみ合わない回答**
>
> 　妹とよく遊びます。ドライブに行ったり、買い物に行ったり。

　公私は別にして親しい仲なら、誰と会話をするかという問いに、よく遊びに行くという回答を聞けば、『妹と仲がよくて一番会話をする』と意味を補完（足りない点を補う、ずれた論点を修正）して解釈します。ですが、採用面接という場面では、候補者のかみ合わない回答（表１）については社会性に乏しい可能性を考慮すべきです。

　また社会性のある候補者では、初対面で目上の人である面接官の立場を配慮し、わかりやすく誤解の少ない会話を意識します。したがって面接官の表情を見ながら、考えながら会話をするため、途中

で間ができたり、言い直しをしたりする人もいますが、これをコミュニケーション能力の乏しさとみなしてはいけません。むしろ、ローパフォーマーの方では、面接官の表情や場の空気など読まず、<u>弁舌巧みに一方的なかみ合わない会話</u>に終始する場合もあります。

質問例A　身内との関係1の2

「人間関係についてのお考えを聞きます。身内の方で一番お話をされるのはどなたですか？その方は、あなたにとってどんな存在ですか？」

微妙な回答例　意味や定義を質問する、かみ合わない回答

妹とよく話します。どんな存在かというのは、どういう意味でしょうか？　ともかく妹は2歳年下の大学3年、就活で苦労しているみたいです。

これもかみ合わない回答で、候補者と<u>妹との関係</u>を話すべきところ、<u>妹自身</u>について説明しています。また。ローパフォーマーの反応の特徴（2）意味や定義を質問する、にも該当します（表1）。例示していませんが、時に回答不能となる場合もあります（表1）。この質問例Aのように、<u>1つの会話文に2つの質問が入った問いかけで、混乱する場合</u>もあり、明らかにローパフォーマーと推察され、かなりのミスマッチ人材といえます。注意すべきは、混乱といっても困惑や不安の表情を浮かべるとは限らず、内心『この人、何、意味不明のことを言っているの？』という雰囲気で面接官を見下した顔つきとなることもあります。

もちろん、以上の現象に再現性があるか確認することが必要です。以下のような再質問をするとよいでしょう。

　もちろん、このような質問に回答不能となる候補者は、エントリーシートのレベルあるいは、SPIなどの適性試験でフィルタリングされていることも多いはずです。しかし、念のために候補者全員に対して、面接開始時点で雑談的な質問として設定するとよいでしょう。

②身内に関する感謝の気持ち

　次のステップの質問では、人間関係における社会性、協調性の指標である感謝の気持ち（6章73ページ）について聞きます。さらに、相手の気持ちを察する能力もチェックします。

> **微妙な回答例　かみ合わない回答**
> 1. 妹は、ブティックに連れていくと喜んでくれます。次はちょっとセレブなスーパーですね。お金を貸して、ということがよくあるので困ります。
> 2. よく話すのはやっぱり妹ですけど、小さい頃から逆らうことが多くて、喧嘩もしばしばです。可愛いけれどジコチューなので。就活でアドバイスしても感謝してくれない。

　解説するまでもなく、会話がどんどん「感謝という気持ち」という本筋から外れて行きます。このような場合、質問Bについてわかりやすく言い直して再質問するのではなく、そのまま繰り返すべきです。ローパフォーマーの場合、同じような反応の繰り返しとなりましょう。もちろん、質問Bの形式として、会話の区切りはありますが、1会話で2質問なので、前述したようにローパフォーマーの一部では混乱し、回答不能となります。

　またローパフォーマーでは身内、存在という日常的でも抽象的な単語がピンとこない人もいます。特に「身内って何ですか？　家族のことですか、友達とか親戚も含むのですか？」と意味や定義を質問する（表1）候補者は、かなりのローパフォーマーと推察されます。

・オープン・クエスチョンが苦手

　微妙な回答例として、示していませんが、ローパフォーマーの反応の特徴としてオープン・クエスチョンが苦手というのがあり、次のような診察室での会話を例にします。

　一般に医師は、診察の冒頭には「この頃、調子はどうですか？」と尋ねます。調子はどうですか、最近はどうですか、のように相手の判断や裁量を尊重して抽象的に聞くことをオープン・クエスチョンと言います。この問いに対して、「調子って、どういう意味ですか」、と答える患者さんもいます。眠れますか、いらいらしますか、など

具体的な事柄の質問をクローズド・クエスチョンといい、ローパフォーマーでは前者が苦手で、煩雑ですが後者で尋ねる必要があります。

　注意すべきことは、以上の質問は本書のテーマである親子関係を直接聞くものではなく、社会的なコミュニケーション能力のチェックなので、回答が"親戚の叔父さん"でも良いのです。一方、多くの候補者では親という回答になるので、親子関係もチェック可能となり一挙両得です。

③アルバイト・部活仲間との関係
　次に、アルバイトや部活・サークル活動の経験の有無を尋ね、アルバイトの場合、以下のように質問します。ここでは、社会的なコミュニケーション能力に加えて、社会性（社交性）や協調性それ自体について評価します。さらにアルバイト仲間が、候補者自身について、どのように評価しているかを尋ねます。

質問例Cの1　アルバイト仲間との関係
　「アルバイト先の仲間とはどのようなつきあいをしていますか。積極的に自分から相手に話しかけたり、つきあいが長く続いたりすることはありますか？」

質問例Cの2　アルバイト仲間からの評価
　「アルバイト先では、周囲の人たちはご自身のことを、どんな人だと評価していると思いますか？　実際に、あなたはこういう人だよね、と言われたりすることはありますか？」
微妙な回答例
　1）無言
　2）社会性（社交性）に乏しい回答例
　・バイトが終われば家に帰ってゲームをします。

> ・どんなタイプとかいう話はしません。
>
> 3）かみ合わない回答例
>
> 　大学時代の3年で、3種類のバイトをしました。1日派遣やコンビニ、あと飲食店の仕込みも。ノリが良い人かな？

1）無言の場合

　再三述べた通り、高度なローパフォーマーでは、質問Cの1と2に戸惑いや動揺を示し、回答不能になりがちで、明らかなミスマッチ人材といえましょう。

2）社会性（社交性）に乏しい回答

　営業や小売業では問題となるかもしれませんが、ライフスタイルを問う側面もあり、これに該当するからといってローパフォーマーと限らないのは当然です。

3）主語に欠ける回答

　ノリが良い人、という部分には主語が欠けておりローパフォーマーの反応の特徴（4）に当てはまります（表1）。その結果、自分がそう思っているか、周囲がそういうのかがわかりにくいのです。

　さらにバイトといっても、頻繁な転職は微妙で、転職の理由が不明です。類書にもしばしば示されていますが、部活やバイト、ボランティアあるいは趣味などの諸活動においては継続性が大事になります。

・主観的印象のみ

　気質や性格傾向を表現する「ノリが良い、悪い」は「明るい、暗い」などと同様に発言者の主観的な印象であり、聞き手によって解釈が異なります。情報や経験を共有している仲間内なら通じますが、面接官のような第三者にはわかりにくい。他人の立場に立って考えることが不得意というのがローパフォーマーの特徴です。もう少し

社会性のある会話なら、「ミスが少なくて真面目に働くけれど、ちょっとスピードが遅い」「バイトの時は受身だけど、遊びの時はポジティブでリーダーシップがあるよね」など、人柄について、<u>より具体的にわかり易く述べる</u>でしょう。

　主観的な回答の場合、「ノリが良いってどういう意味か教えてください」として会話の流れをみましょう。次のように依然として主語が欠ける場合は問題です。

　「テンションが高い方が良いじゃないですか？」

　これではテンションが高いことを良いと思うのが自分なのか、周囲なのかわかりません。また会話もかみ合っていません。

　やはり初対面かつ重要な場面での相手（面接官）に対しては誤解の余地がないように主語、述語、目的語を明確にするものです。次に高い評価をつけるべき回答例について例示します。

・相手に配慮した論理的会話
高評価の回答例１）

・バイト先での話って言っても、雑談ですね。まあ、高校時代までサッカーやっていたから、体育会系の人との雑談は盛り上がります。

・付き合いはあまり広くないですけど、気のあった人とは、今でも付き合いがあって、オンライン飲みで愚痴のこぼし合いみたいなことをします。

・明るいやつとよく言われますが、根はそうじゃない。何と言えば良いか難しいけれど。バイト先はファミレスで、若干グレードの高いお店で。そういうところは結構うるさいお客様もいます。特に年配の男性からの、きついクレームもある。若いバイトの子だけじゃなく準社員さんでも緊張しちゃうような。でも<u>私は堅苦しいのは嫌だから</u>、ジョークを言ったり、時にはピエロ役をしていましたね。

高評価の例２）

・ずっと飲食店の仕込みの仕事をやっていました。仕込みっていうのは、大げさなものじゃなく、マニュアル通りに、お肉を解凍したり、塩やコショウで味付けしたり、切り分けることです。だけど、仕込みもいろいろあって、マニュアルが目指すようには行かなかったかも。

　バイト先では、明るいって言われました。自分のポリシーは明るいことなので。といっても難しいことじゃなくて、挨拶とか、目上の人との会話では割と大きな声ではきはきと話すようにしていることです。

　かなりの高評価の例を出しましたが、内容は別にして、質問の意図を把握しているかどうかが最も重要です。高評価例では、単なる業種だけでなく、お客の特徴、お店のスタッフの反応など具体的に相手の立場に立って回答しています。

　以上は何気ない会話に見えますが、これらの候補者、とりわけ高評価の例２）はかなりのコミュニケーション能力の持ち主です。ここでは「仕込み」、「明るいこと」がキーワードです。

・キーワードと具体的説明

　ここでは「明るいこと」をキーワードとして先に出し、「割と大きな声ではきはきと話す」と説明しています。しかも目上の人という社会性を含む状況で説明しているからです。

> **論理的な会話の方法**
> ・キーワード（トピック・センテンス）を会話の前に出し
> ・キーワード（トピック・センテンス）の説明をする

キーワードに似たものにトピック・センテンスがあります。

・トピック・センテンスとは

　トピック・センテンスとは、キーワードに当たる文章をいいます。

たとえば、モチベーションという話題が出たとき、次のような発言はレベルが高いといえます。

A　モチベーションで大事なのは、<u>自分の中から湧き上がって来る</u>ことです。学校の勉強で言えば、偏差値が上がるとか、親から褒められてやる気がでるのより、勉強そのものが面白いって言うのがやる気の根本ですね。

B　私はSEを目指して御社を志望しましたが、<u>漢文が面白かった</u>です。その理由として日本語と同じ漢字を使うのに、単語の順序は日本語と違うじゃないですか。英語っぽくて主語、述語、目的語って感じで。点数は取れなかったけど、理屈抜きに好きでモチベーションは高かったです。文系かもしれませんが。

　下線部分がトピック・センテンスで、その後に解説あるいは具体的な内容が述べられています。
　簡単に言えば<u>結論==＞説明という順序で会話ができる候補者は報連相に関して要領が良い</u>、すなわち高い社会性をそなえたコミュニケーション能力の持ち主といえます。当然、報告書や企画書などの文章作成能力は高いといえます。また、このような論理的な会話は、適切な自己主張に相応しいといえます。
　ちなみに、SEには文系出身者も少なくありません。Bのように文法や論理が好きな人には向いた職業と言えます。

④見知らぬ人との会話
　最後に社会性のあるコミュニケーション能力のチェックとして非常にシンプルなものを提案します。以下のように脆弱性人材が最も苦手とすることを聞きます。

> **質問例D　見知らぬ人との会話**
>
> 「見知らぬ人と気軽に会話ができますか？」
>
> 「会話をするとしたら、どのようなテーマで話しますか？」
>
> **状況設定つき質問例**
>
> 　交通の不便な場所に、会社の経費でタクシーに1時間近くも乗ることになりました。ずっと無言でいることも可能ですが、それも微妙です。運転手は60歳代です。
>
> 「会話をすることはできますか？」
>
> 「話すとすれば何をテーマに話しますか？」
>
> 「話さないとすれば何をしていますか？」

1）質問の目的

　この質問は社会性を直接評価するもので、現代の若者にとっては非日常的な状況を設定したものです。質問の目的は、コミュニケーション能力の評価に加えて対人不安のチェックをすることです。見知らぬ人との接触は、現代の若者にとって心理的安全性が低い状況であり、脆弱性人材にとっては最も苦手となる状況の1つといえます。以下に状況設定つき質問例への回答例を示し、解説します。

2）回答例

・高評価の例

候補者；正直、気軽に会話するのは難しいですけど、1時間も乗るとなれば、まったく話さないのも微妙ですし。そうですね。当たり障りのないテーマで話します。

面接官；当たり障りのないテーマとおっしゃいますと？

候補者；やっぱり仕事のことはセキュリティー上、問題がありますから、天気や誰もが知っている芸能界やスポーツ界のことを話しますね。まあ、無口な運転手もいるでしょうから、

そこで話は途絶えるかもしれませんが。

面接官；他に何か話してみますか？

候補者；そうですね。無口な人でなければ、思い切って『景気はどうですか？』と聞くかも。ひょっとしたら仕事に役立つ情報が得られるかもしれないので。『あ、それと、その地域のグルメとか名物とか聞きますね』

・平均的な例
候補者：やっぱり全く知らない人とは会話すべきではないですね。

面接官：会話すべきではない理由は何でしょうか？

候補者：セキュリティーとかプライバシーの関係です。何があるかわからないですし。

面接官：では、車中の１時間をどうやって過ごしますか？

候補者：（当然のように）スマホをみていますね。

面接官：どんなコンテンツやアプリを見ますか？

候補者：YouTubeですね。

・低評価の例
候補者；わかりません。そもそもタクシーに乗るなんてまず無いですから。

3）解説
　タクシー会社の運転手さんという見知らぬ人、しかも年齢が離れた人と気軽に会話ができるという候補者は社会性（社交性）の高い

少数派といえましょう。社会性の高い人の特徴として、一定の想像力があることに加え、雑談や四方山話ができる能力（雑談力）があることです。

・想像力

　新卒の候補者にとっては、タクシーに乗る経験自体が非日常であり、ましてどうやって過ごすかということになると、一定の想像力が求められます。親が過干渉で、生活上の経験が不足している指示待ち系では、思考力だけでなく想像力も乏しい場合もあります。

・雑談力

　高評価な例では、雑談の定番のテーマを上げており、これが高い評価の根拠です。6章の「モチベーションを高める」の部分（70ページ）で示したように、人材マネジメント上、雑談や自己開示は相手の警戒心を解き、モチベーションを高めます。さらに雑談は心理的安全性が低い状況でも役に立ちます。知らない人との会話は、自分だけでなく相手も不安や緊張を抱くものです。そのテーマにもよりますが、雑談は自分と相手という場の雰囲気を和らげるものといえます。言い換えると候補者の会話において雑談、四方山話という単語が出てきた場合、単に就活サイトで学んだ付け焼刃の知識ではなく、生活体験に根差した優れた資質の持ち主と評価してよいでしょう。

　指示待ち系のような脆弱性人材では雑談自体が苦手です。なぜなら生い立ちにおいて、家族の価値観は高偏差値、有名大学・企業、自己実現という功利主義的であるだけでなく、そのためには無駄を省くという意味での効率性を重視します。特に支配的な家族にとっては、「雑談」は無駄の極致であり「余計なことは言わないの！」という会話となり、子どもの雑談力が育たなくなります。

　以上、まったく知らない人と四方山話や雑談ができる候補者は社会性が高く、上手く育成すれば人材マネジメント能力が高い社員になる可能性があります。

・追加質問

　次のような追加質問をすることで、一歩踏み込んだ評価が可能とります。

①高評価の例への対応

　雑談や四方山話が出た場合、そうする根拠となる経験を聞き出すとよいでしょう。社会性の土台はアルバイトやボランティア活動などの経験に基づくことが多いのですが、いきなりこれらの経験を聞くよりも、間接的に聞き出すのが良いです。というのは、アルバイト経験に関する質問は非常に重要ですが、定番過ぎて「想定問答集」のような回答がありうるからです。

面接官：無難な会話というのは素晴らしいお答えですね。ところで、
　　　　こういうお考えは、どのようなご経験によるものですか？

候補者：アルバイトからですね。コロナが軽くなってからは、バイ
　　　　ト先の仲間と飲むことがあって、結構年の離れた人と会話
　　　　することもあったので、自然にそうなったのです。

・アルバイトでは期間と年齢層

　アルバイト経験といっても、前述したように短期の派遣や転職を繰り返すというのはキャリア形成の上では微妙です。また、アルバイトのスタッフ間の年齢が近すぎる場合は社会性の訓練の場としてはやや不十分です。たとえば学生アルバイトばかりというよりも、年齢差の大きいスタッフと共に働いた方が、ポイントが高くなります。

　また、対物業務、対パソコン業務よりも対人業務のほうが、社会性が磨かれるのは当然です。また、アルバイト先での電話対応の有無は是非とも聞きたいところです。6章でも述べましたが、職場の固定電話対応がストレスという場合、一定の脆弱性が想定されます（76ページ）。

②平均的な例への対応

　スマホ使用が一般的ですので、ぜひともスマホの使用状況について質問をシフトしましょう。4章をご参照ください。

③低評価の例

　「わかりません。そもそもタクシーに乗るなんてまずないですから」という回答をする人では、想像力が不足している可能性があります。また、質問者の意図をくみ取る能力の欠如も考えられます。同じ質問を繰り返し、不快そうな表情になった場合、かなりのローパフォーマーの可能性があります。

2．自立に関する質問

　コミュニケーションにおける社会性のチェックの次は、候補者における自立の度合いを評価します。以下のように簡単な質問です。

> **質問例E　自立について　自立の割合**
>
> 　「あなたは精神的に、経済的に、親から自立できていると思いますか？できているとすれば、何割くらい、と表現できますか？」
>
> 　「自立できていない残りの○割は具体的にはどういうことですか？」
>
> **質問例E　自立について　自分にとって影響力の強い人**
>
> 　「これまで重要な決断を迫られたり、何かを選択するような場面において、誰かに相談したり、意見を交わしたりすることはありましたか？」
>
> 　「最終決定にあたり、誰の意見が最も反映されたと思いますか。ご自分の考えですか？　それとも身内の方の意見ですか？あるいは他に影響を大きく受ける誰かがいましたか？」

解 説

　候補者にとって「自立」に関する質問が出るのは予想外のはず。それこそ、心理学や教育学系の出身者でない限り、「自立」という単語は馴染みがないでしょう。それこそ定義を求められる場合もありましょう。しかし、あえて解説をせず、「あなたの考える自立の基準で結構です」と返します。

　新卒の多くは「6〜7割」という無難な回答をするでしょう。追加質問としては、「自立できていない残りの○割は具体的にはどういうことですか？」と聞きます。ほとんどが経済的な事柄でしょうが、入学、就職など人生の大きな局面で親の意向が強そうな回答の場合は問題があります。

　しかし現代においては、特に新卒では親の意向が乏しいという候補者は稀で、自分への影響力の順位は親⇒教師あるいは友人となりましょう。しかし、誰の意見が最も反映されたかの回答の<u>トップに自分ではなく親が出てくる場合、自立の度合いに問題がある</u>のは言うまでもありません。そのような場合、次のような追加質問をして、家庭内のストレスを評価しましょう。

> **質問例F　身内のストレス**
> 　「あなたは身内の方に対して、あの時もっとこうしてほしかった、あんな風にしてほしくなかった、と子どものころに不満を感じたりしたことはありますか、今でもそのことを思い出して、心残りがあったり、残念な気持ちになったり、失望感を味わうことはありますか？」

　家族間で何らかのストレスや葛藤や不安を抱えていないかどうか確認する質問です。ややセンシティブな質問なので、候補者全員に一律に聞くことは慎重にすべきは当然ですが、脆弱性が感じられる候補者に対しては、ものは試しで聞いてみる価値があります。

　脆弱性人材の回答には2種類あって、葛藤（ストレス）について（1）ほとんど、あるいは全くないとする場合と、（2）延々と述べ

てくる場合があります。

①親との葛藤の強弱

　親が先回りして何でも子どもに代わって、判断・実行する家庭では、欲求不満が少ない、言いかえればモチベーションに乏しい人になりがちで、この場合、ストレスについてはあまり感じていません。逆に、自立不全で親の言いなりだった人が、大学入学以降に遅い反抗期を迎える場合もあり、程度の差はあれ、親に対するストレスを述べるでしょう。

　6章にも示しましたが、メンタル不調で休業中にも関わらず親に反発して、その事実を伝えていない場合さえあります。親に依存するよりは良いのですが、やはり脆弱性としての自立不全に含まれます。

　一般的にいって、理想的な身内（配偶者を含めた家族、親戚）はありません。それは職場における人間関係でも同じです。公私における人間関係で他者に過剰に批判的な場合、指示待ち系とは違った脆弱性の持ち主の可能性があります。

　近すぎず遠すぎずという程よい親子間の距離は精神衛生上、大事で、イギリスの子育ての格言にENOUGH TO MOTHER（程よい距離の母親）というものがあるほどです。実家暮らしの新人・若手がストレスを抱えている場合、上記のように質問し親子の葛藤がある場合、一人暮しを勧めてみるとよいでしょう。

②不適切な自己開示

　候補者の中には1～2％という低い頻度ですが、「待っていました！」と言わんばかりに自分の不幸な生い立ちについて語り出す人もいます。また、一頃流行した"自分史"のようなものに、イジメや自傷行為の履歴や死にたい気持ちを記載する人もいます。このような過剰で、場の空気が読めない不適切な自己開示をする候補者は、パーソナリティー障害の人に少なからずみられ、完全にミスマッチ人材といえます。

　一般に、初対面に近く関係が深まらないうちに深刻な身の上話を

する人には要注意です。

3. 自分に自信がない人材が示すサイン

　自立や身内の関係というテーマは候補者のプライドに大きく関係するものです。とりわけ３章で指示待ち系の特徴の一つとして「自分に自信が持てないこと」を挙げましたが、面接官との会話で以下のような反応が起きやすいことが特徴です。この傾向が強すぎる人は指示待ち系より重い脆弱性、たとえばパーソナリティー障害の傾向のある人の場合もあります。この場合、<u>必ずしもローパフォーマーではないのに、職場での協調性が乏しく</u>、入社早期にメンタル不調になる場合もあります。

①言い訳が多い

　以下のように言い訳が多い場合は、その可能性があります。

　「部活でもバイトでも周囲からは明るい人と言われました。でもモチベーションが高くてどんどん物事を進めるって意味じゃなくて。あ、モチベーションが低いわけではないです。明るいって言っても天然とか、ハイテンションという意味ではないです。」

　あれこれ言い訳が多い、あるいは説明が冗長な場合はニュアンスとして相手（面接官）から<u>誤解されたくないという気持ちが強く</u>、自分に自信がない候補者の可能性があります。

②ほめ、ねぎらいを否定する

　これは、①よりもずっと自分に自信がない人材に共通する反応で、採用だけでなく、人材マネジメント上、役に立つ知識です。筆者は産業医面談などで、<u>意識してねぎらいや褒めのことばを出します</u>。これに対する反応は大きく分けて以下の２つとなります。

脆弱性人材のチェック　ねぎらいや褒めへの反応

A　感謝　「ありがとうございます」

「それ程でもありませんが、ありがとうございます」
というように感謝する。
　B　否定　「そんなことありません。そうではありません」
　　　　　とストレートに否定する。

　Aの後半は、謙虚さを表していますが、相手にキチンと感謝できています。

　Bの場合は、ほぼ間違いなく、自分に自信がない人材（自己効力感の低い人）で、謙虚とは言えません。その是非は別にして、採用における面接官は目上といえますので、相手の評価に対して感謝の意を込めるのが真の謙虚さです。よりシンプルに言えば、Bは相手（面接官）の評価を否定しているので、「驕り」とも解釈できます。2章で述べた指示待ち系のうち仮想的有能感が強い人では、相手を見下して自分のプライドを保つことが習慣になっていますので、他人の発言に対して「否定から入る」ことがしばしばです。当然のことですが、周囲は『素直ではない人、ひねくれている、個性が強すぎるタイプ』など否定的なイメージを持つことになります。

③パワハラとの関係

　エビデンスはなく、あくまでも筆者の産業医としての経験からですが、「自分に自信がない人材」はパワハラ的言動の持ち主から、ロックオンされやすいといえます。「パワハラ的言動」というのは、パワハラの定義を満たさない不適切な言動として筆者は用いますが、支配欲が過度に強い人にしばしばみられます。また、仕事のスキルは比較的高いけれど、前述した仮想的有能感の持ち主にも見受けられます。

　自分自身に自信がない人は、言動にそのサインが出ますので、獲物して狙われやすい場合があります。

4. 発達障害的な人材の思考パターン

　10年以上前から、人事部門や健康管理部門においては発達障害が注目されています。

本書では脆弱性人材のうち、指示待ち系の高度なケースでは発達障害と類似したローパフォーマンスを示すと述べてきました。ここでは一歩踏み込んで、そのような人材における思考パターンを簡単に解説し、どのような仕事を与えるべきか人材管理の参考にしたいと思います。また、この思考パターンを知ることで、採用選考におけるオリジナルな手法を開発することも可能です。

ローパフォーマーの思考の特性

A 他人の立場に立って考えることが不得意（低い社会性）

B 複数の質問に対し同時並行で考えることが苦手（モノレイヤー思考）

C 会話や物事の一部分、一単語に拘り、全体像を見落とす（シングル・フォーカス思考）

---

①低い社会性

　これについては、本章でコミュニケーションの社会性の度合いとして再三述べてきました。ある意味、自分中心の思考ですが、世にいう「自己チュー」が利己的という意味で使われるのに対し、ここでいう自分中心とは、「自分にとって相手の存在が希薄」ということです。典型的な発達障害にみられ、社会性の障害という用語が使われます。極論すると、重い発達障害では、自分以外の人間にも、自分と同様の独立した心や人格が備わっていると認識できません。これを心理学用語で、「心の理論が育っていない」と言い、精神年齢でいえば小学校入学前の人材ともいえます。

②モノレイヤー思考

　健常な人材ならば、次のように考えることは当たり前のようにできます。

　昼休み近くなれば、パソコンの作業をしながら、『そろそろ昼休みだ。どこの飲食店に行こうか、ああ、もう12時近くなので、行きつけのお蕎麦屋さんは混んでいるだろう。パスタ屋さんにするか

な。そういえば、憧れの葵さんはパスタが好きみたいだから、かち合うと恥ずかしいな。少し遅らせて行こうか？』

　理屈っぽくいうと、「飲食店の選択」と「憧れの葵さんとの遭遇の可能性」という2つのテーマを同時並行的に思考可能です。上の文章で述べたように、明確に言葉にしないにせよ、「思考のマルチタスク」はごく普通に可能です。しかし、発達障害的なローパフォーマーではこれが苦手です。この2つの思考を同時に行えず、悩んでしまいます。
　また、2つのテーマの優先順位をつけることも上手くいかなくなります。重い発達障害者では、電話をしながらメモを取るというシンプルなマルチタスクさえできません。

③シングル・フォーカス思考
　物事の全体像に目がいかず、部分だけに拘る思考パターンで、いわゆる「木を見て森を見ない」認識です。特に採用面接のような場では緊張もあって、この思考パターンの癖が出やすいといえます。ここでは、雨の日の横断歩道という例を出します。

シングル・フォーカス思考とマルチ・フォーカス思考の例
出張先で有名なラーメン店に行くシーンを例に挙げます。

　ホテルを出て10分近く歩くと、目指すラーメン屋の手前には大きな道路の交差点があり、傘をさした人が信号待ちをしています。大きな道路で歩車分離式のためか、なかなか信号は変わらず、歩行者の数が増えてきます。同時に雨足も強くなってきました。このような状況下では人間の目には「信号」、「歩行者の密集状況」、「自分の傘の位置と角度など」の情報が入ってきます。そして青信号のうちに横断できる速度で、他の歩行者とぶつからないように歩き、なおかつ雨に濡れる度合いを少なくするように無意識のうちに歩く。

以上のように複数の情報のそれぞれに焦点を当てつつも全体的に判断、思考することをマルチ・フォーカスの情報処理と言います。

　　これに対して、信号という部分の情報だけで横断すれば、他の歩行者とぶつかったり、雨に濡れたりすることもあります。一般に部分の情報だけで判断することをシングル・フォーカスの情報処理といい、発達障害の人にしばしば見受けられます。もちろん健常者においても、急いでいる、焦っている場合、全体像を見失うこともありましょう。

④木をみたり森をみたり

　　ここで大事なことは、シングル、マルチの情報処理の優劣を論じているのではないことです。

　　逆に、晴れていて歩行者が少ない状況では、信号のみに注目するシングル・フォーカスの情報処理の方が効率的です。また、調査、研究という仕事の領域では、種々の条件を同じにして深く掘り下げる能力が重要になります。要するに状況によってシングル、マルチ・フォーカスの思考を使い分けることが有能な人材といえます。

5．スマホ・ゲーム依存のチェック

　　4章でスマホ・ゲーム依存の重要性を述べました。採用面接では是非とも聞き出したい情報です。

質問例G　スマホ・ゲーム依存のチェック

「現代では仕事上、スマホやSNSあるいはYouTubeの使用が不可欠なので、そのリテラシーや集中力が大切になります。SNSは得意なほうですか？　またゲームについての集中力はどうですか？」

「1日当たりのゲームやネットに使う時間は、およそ何時間ですか？」

「平日は何時間ですか？休日は何時間ですか？」

ここでの質問法のポイントは、肯定的、ポジティブな雰囲気で行うことです。

①どちらかと言えば得意、集中力があるという回答

SNSであれば、その種類を尋ねる。また、YouTubeであれば、よく視聴するジャンル、ゲームであれば好きなジャンルを聞きましょう。そして、いずれにせよ、「詳しいですね」などと感心し、候補者の警戒心を解くのがコツです。

肯定的な質問方法として極めてシンプルな例としては、夜型のチェックです。

「あなたは夜型の方ですか？」と聞くより「夜も集中力はある方ですか？」というように。

②使用時間を聞く

次に、スマホ・ゲームの使用時間を聞きます。できれば平日と休日のそれぞれについて聞くとよいでしょう。緊張や警戒心がほぐれていれば、素直にあるいは自慢気に答えるでしょう。

③関心と感心

時間が長いほど「凄いですね〜」と感心すべきです。いずれにせよポジティブな雰囲気で、相手に関心をもって感心することがポイ

ントです。したがって、ゲームの好き好き、得手不得手は別にして、面接官はゲームについてのジャンルや課金の有無につき一定の知識を入手するとよいでしょう。

④評価方法と追加質問

　残念なことにスマホ・ゲーム依存と使用時間との関係に明確な医学的基準（エビデンス）は未だありません。しかし青少年のネット・ゲーム依存については厚労省が問題視して、調査研究を推進しており、以下の知見が評価の目安となりましょう。

ネット・ゲーム依存の目安

１．依存が形成されるとゲームの使用時間が30時間/週を越える（King - J Abnorm Child Psychol 2016）。

２．使用時間と学業や仕事への支障
「ゲームのために、学業に悪影響がでたり、仕事を危うくしたり失ったりしても、ゲームを続けましたか」という質問に「はい」と答えた割合は以下の通りです。

60分未満では	1.7%
1時間以上2時間未満では	5.8%
2時間以上3時間未満では	10.0%
3時間以上4時間未満では	12.4%
4時間以上5時間未満では	19.4%
5時間以上6時間未満では	22.0%
6時間以上では	24.8%

出典　令和元年11月27日　国立病院機構久里浜医療センターによるネット・ゲーム使用と生活習慣についてのアンケート結果（概要）

　また、筆者が小売業で、パートタイマーから正社員への登用における面接において、スマホ・ゲームの使用時間は<u>4時間以上</u>が過半数を占めていました。

　4時間以上の場合、「夜更かしのため、寝不足になるのではないですか？」と<u>追加質問します</u>。

　これで「はい」という候補者は、依存の傾向があるといえます。上記の目安において「仕事を危うくしたり失ったり」という質問は、あまりにセンシティブで、候補者の警戒心を高めますので、「寝不足」というソフトな表現を使うべきです。

　4章でも述べましたが、大酒のみとアルコール依存は別であり、後者は仕事に差し支えることが区別のポイントになります。ゲーム・ネットを長時間する場合も同じといえますが、長時間になるほど4章の図6で解説したように、寝不足は仕事における集中力や注意力の低下を起こすので、仕事に支障をきたす重要なファクターといえます（46ページ）。また、寝不足は生活習慣病や過労死のリスクも高まりますし、メンタル不調の原因にもなります。

　働き方改革により、大手や中堅企業の36協定が適用される労働者においては、「長時間残業」は解消されつつあります。しかし皮肉なことに、私生活において「長時間スマホ」が増えていることは事実であります。

　結論から言えば、<u>平日の使用時間が4時間を超える</u>と週あたりの使用時間が30時間近くなり、種々の<u>リスクが生じるので要チェック</u>といえます。依存的になれば就職したからといって、学生時代の生活を改めることが困難になります。

　ミスマッチ人材と判断しなくても、採用後に長時間残業者ならぬ「長時間ゲーム・ネット者」として人材管理をする必要があります。

6. その他の採用選考の手法

　以下では、採用における参考となる手法について示します。面接とは限らず、エントリーシートやその他の書面でのチェックがよいでしょう。

①履歴書を読む

読者もご承知のとおり、何といっても履歴書が大切です。

1）休学・留年、中退は要注意

2章のケースでも述べましたが、在学中のメンタル不調を示唆する情報です。休学・留年、中退についてはキチンと理由を問うべきです。また、学業不振で留年した場合はGPAの基準からも落第です。GPAとはGrade Point Averageの略称で、各科目の成績平均のことで言わば学業成績で、最近は学歴より重視する企業も増えつつあります。

履歴書における学歴欄を読むことは基本なのに意外に軽視されがちです。虚偽の記載でもない限り、客観的事実が盛り込まれているにもかかわらずです。筆者は若手のこじれたメンタル不調者では応募時の履歴書を必ずチェックします。

では、なぜ見落とすのでしょう。

・バイアス

それは、履歴書が軽視されていることよりも、2章のケース1（23歳女性、自動車産業 発達障害）でも述べたように、面接時の好印象でバイアスがかかるからです。面接官も人間です。出身大学や趣味などが候補者と一致していれば、好感を持つのが当然です。ベテランの採用面接官の中には、「面接開始30秒の印象で決まる」という人さえいます。印象や雰囲気、あるいは直観による評価は、前述したマルチ・フォーカスの情報処理の典型であり、効率的な判断方法として有効です。しかし、これに拘ると「部分を見失うリスク」が生じます。

2章のケース1では「休学」という重要な部分を見失っていたのです。

・良い人として振舞いたい

履歴書などでの見落としが生じる2つ目の要因として、面接官あるいは採用担当者に「良い人と思われたい」という意向が強いこと

が挙げられます。近年、多様化や共生というコンセプトが浸透し、それ自体は良いのですが、これらを重視するあまり、『ローパフォーマーやメンタル不調になるリスクは高いけれど、差別はいけない。入社後キチンとフォローすれば良い』とするのは考えものです。要するに脆弱性に気づいているのに、目を背けてしまう。

　また、候補者の心証を害して、ツイッターのようなSNSで叩かれることを過度に恐れて、質問に躊躇する面接官も問題です。脆弱性人材が配属されて困惑するのは各部門、各課であり、かなりの脆弱性人材（ミスマッチ人材）であることを理解して採用するならば、その情報を管理職にキチンと伝えるべきです。

2）頻回な転職　華麗な転職歴

　読者もご承知のように中途採用の場合に重要な情報は転職歴です。ついつい前職の知名度、たとえば外資系などに惑わされて、短期間の頻回な転職にもかかわらず「これはラッキー」と採用しがちです。特に、地方事業所での採用や、採用経験が乏しい担当者で起こりやすい。

　脆弱性の種類に関わらず、1つの会社や業務で長続きできないことが頻回な転職の理由です。とりわけ、7月とか11月のような期中退職は考えもので、メンタル不調の可能性も考えましょう。

　以上は、大学時代にも当てはまり、学生なりのバイト、部活などの活動が長続きしない場合も脆弱性人材の可能性があります。いろいろな活動にチャレンジするように見えて、飽きやすい、あるいはストレスを持ちこたえるのが苦手なのです。

②給与明細を読む

　一般的に中途採用の場合、レファレンス調査が有効です。しかし前職企業への問い合わせはプライバシー上拒絶されます。ですから候補者に前職の退職月とその前月の給与明細を持参してもらうと良いのです。給与明細書から得られる情報は、ある意味履歴書以上の情報量です。

1）期中退職を見分ける根拠となる

　通常の転職では、ボーナスをキチンともらい、残った有給はすべて消化するでしょう。そのため、上期、下期まえの区切りの良い月まで在職するのが普通です。もちろんリファレル採用やエージェントを通じたヘッド・ハンティングなど理由の納得できる期中退職は別です。

2）給与水準からの能力判定

　中堅以上の企業の場合、ウェブサイトをみれば、賃金の相場というものがわかるはずです。勤続年数などを考慮して、かなり低い場合はローパフォーマーの可能性があります。

3）有給消化のあり方

　有給消化の促進が叫ばれていますが、たいていの社員は取得に気を使います。ですから、退職月にはかなり残った有給休暇を使い切るのがもっぱらです。一方、メンタル不調者では、体調不良による欠勤が生じやすく、有給付与の更新の数か月以内に使い切ることがしばしばあります。欠勤日数や有給消化日数が記載されている明細書では、ぜひここを深読みしたいところです。

③綺麗すぎる学歴と塾・習い事

　ともすると、出身大学に注目しがちですが、小、中、高も大事です。綺麗過ぎる学歴、すなわち中高一貫教育や「お受験組」の一部には、「過干渉な親」のリスクがあります。もちろん、綺麗な学歴だからといって脆弱性があるとはいえないのは当然ですが。

　綺麗な学歴の候補者に対しては、小中学校における週当たりの塾や習い事の日数を尋ねる必要があります。5章のエピソード（朝練が辛い）で述べましたが、過重労働ならぬ「過重塾・習い事」は寝不足を引き起こし、心身の不健康を引き起こします。もちろん個人差はありましょうが、現代の社会人が週休2日であるように、子どもも「週休2日」であるのが自然といえます。

④ 長時間通学と実家暮らし

　候補者における大学の所在地と自宅の距離が離れすぎている場合は、以下をチェックしましょう。

1）実家暮らし

　一人暮らしか実家暮らしは「5章　依存から自立への道筋」、で述べたように自立をチェックする指標になりえます。ただし遠方の大学を卒業して、とりあえず自宅、実家に戻った場合はあまり問題ありません。また高校生の採用枠では、内定前は実家暮らしという候補者が多いでしょう。現時点で一人暮しという場合は、とりあえずOKです。

2）長時間通学と自立

　問題は、往復3〜4時間かけて自宅から通学している候補者です。採用担当者はついつい、次のように解釈しがちです。

・女子学生だから親が一人暮らしをさせなかったのだろう。
・一人暮らしはコストがかかるから自宅からの長距離通学は致し方ない。

　もちろんコロナ禍の最中はオンライン授業が中心ですから、自宅と大学の距離が長くても問題ありません。実際、自宅暮らしのメリットは大きい。食事、洗濯、掃除をしなくて良いし光熱費もタダ。病気や事故、トラブルなど何か困ったことがあれば親に頼れます。しかし、その裏側は自立不十分ということ。また、往復3〜4時間の長時間通学は、バイトや部活が困難になるため、チームワークの経験が乏しくなりがちです。

　本書で述べている脆弱性人材でなくても、社会人生活と同時にはじめての独居はかなりの心身の負担となることを人事担当者は知るべきです。もちろん次の事例のように、多くは新しい環境に適応できますが。

　北海道の工業高校を優秀な成績で卒業し、上場企業の中部地方の拠点事業所に就職した男性社員です。就職2か月目にしばしばだるさのため、会社の健康管理センターに休憩に来ていました。まだ研修中で仕事のストレスはあまりなかったのですが、会社の寮での初めての一人暮らしで緊張したとのこと。保健師の励ましやサポートもあり、ほどなく新しい環境に適応しメンタル不調になることなく元気で働いています。

⑤長時間通学プラスお受験組

　自宅からの通学に加えてお受験組の場合、「過干渉な身内」のもとで成長した可能性があります。お受験組は、そうでない候補者よりも経済的に余裕のある場合が少なくありません。中高一貫組はもはや首都圏では当たり前の現象ですが、前述したようにお受験組は幼児期から塾や習い事を強いられる場合も少なくありません。

　見かけは素直な「よい子」なのですが、脆弱性があり、社会人生活そのものがストレスとなって発病するリスクがあります。その場合の病名はほぼ間違いなく「適応障害」となります。職場ストレスが発病の原因と思う人事や上司は必死で配慮するけれど休職は長引きます。

　仕事への適応障害ならともかく、社会への適応障害が本質ならば、メンタル不調が長引くのは当然です。5章のケース12（親に依存して生きてきた中年社員）で述べたように、親に依存した脆弱性人材といえましょう。筆者は入社後早期に発病したこのような人材を人事担当者に対して、「箱入り息子」、「箱入り娘」と説明しています。ジェンダー的表現が嫌なら「温室育ち」とでもすればよいでしょう。

⑥率直に健康について尋ねる

　タブー視されがちですが、コロナ・アフターコロナの時代ですから、状況によっては率直に健康について問うことも必要な場合がありましょう。ただし、メンタル不調の既往歴を聞くのは問題です。

質問例H　7日以上の通院歴の有無

「弊社は全国展開しているだけでなく、長期の出張があります。したがって、体調の管理が必要になります。そこでお聞きしたいのは、今までの人生で7日以上の通院歴の有無です。もちろん、任意ですのでお答えしたくない場合は、その旨をおっしゃってください」

以下は問題ない回答例です。

・花粉症があるので冬から春にかけて、耳鼻科に通い薬をもらっています。

・大学2年の時にコロナになって、2週間通院しました。

・大学3年の時、スノボで骨折して入院しました。

・就活開始の頃、軽い不眠症になって、入眠剤を3週間のみましたが、その後はOKです。

・（しばらく考えた後）小さい頃のことはわかりませんが、中学以降はないです。

一方、次のような回答は微妙といえます。

・答えたくありません。

・（ためらった後にこわばった顔つきで）ありません。

　現代においては、7日以上の通院歴は少なくありません。ましてやコロナの時代では、PCRの検査を受け、結果を聞く。コロナでなくても処方はされるから、あっという間に1週間は経ちましょう。

　この質問例のポイントは、通院歴の有無を任意で聞くことです。もちろん、業務の性質上、安全配慮義務から尋ねるという前提が必要なのは言うまでもありません。たとえば交代勤務や不規則勤務、有害物質を扱う作業、高所作業や重量物を扱う作業、システム開発や法人営業などクレームの多い職種などでは、健康について任意で尋ねるのは問題ないと筆者は考えます。

・本書におけるケースとエピソードは筆者が経験した事例をもと
に、プライバシー保護を目的として、合成したものであることをご
理解ください。

まとめ

　脆弱性の持ち主やローパフォーマーの人々にとっては随分と厳しい話になったと思います。しかし誰しも、ある分野の能力は、多かれ少なかれローパフォーマーなのです。

　筆者は実は極端な方向音痴です。7回訪ねた友人のオフィスに行くのに、8回目で迷ってしまいました。その理由は地下鉄の出口を間違えた上に、しばらくの間、それにも気づかず、さまよい歩き、結局は友人との打ち合わせに遅刻しました。もちろん車の運転はできずペーパードライバーです。私的な生活では、いつも妻が運転する助手席です。「カーナビがあるのでは」とお思いかもしれませんが、徒歩での移動でグーグルマップを使っても、自分が今どこを、どの方向に歩いているのか、理解するのに時間がかかります。もし筆者が営業職に従事したら明らかなローパフォーマーでミスマッチ人材となりましょう。

　高度成長の時代にはローパフォーマーの問題は顕在化していませんでした。なぜなら要員数、納期、お客の品質へのニーズには余裕があり、マルチタスクの作業も少なかったからです。また現代以上にチームワークがありました。しかし、失われた30年の我が国においては、もはやそんな余裕はありません。

　人間、多かれ少なかれ、みんな発達障害みたいなものだ、と宴席などで話になることがありましょう。そのくらいの寛容な社会、雇用社会になるといいなと痛感します。

　現実は厳しいのですが、できるだけ能力の特徴に見合った適性配置が求められます。たとえば筆者のように極端な方向音痴が営業部門に配属されたら、オフィスで営業補助の業務に従事させるように。ですから、労働生産性とメンタル不調のリスク低減のためには適切な能力評価が大切になり、その入り口が"採用"といえましょう。

　本書の趣旨は脆弱性人材、ローパフォーマーを採用するな、という話ではありません。そのような人材を採用する場合、まずは能力評価に基づく適性配置を行い、上司や産業医などによる支援やケア

で未然防止をすればよいのです。これが多様性の時代の人材マネジメントになります。

謝　辞

　本書執筆にあたり、株式会社フジＥＡＰセンター代表の坂部善久さん、カウンセラーの伊藤千裕さん、また労働開発研究会の編集部の皆様から、貴重なアドバイスと支援をいただいたことに深謝します。

【著者】

鈴木安名
医学博士・メンタルヘルス研究者

臨床医（消化器内科、一般内科）から産業精神保健に転身。
趣味は鉱物採集、雲の観察、撮影、スキューバ・ダイビング、淡水エビの飼育と絵画鑑賞。
モットー　すべてのビジネスパーソンから学ぶ！

採用面接等におけるストレス脆弱性検討と手法

2023年11月29日　第1版1刷発行

著　者　鈴木安名
発行者　江曽政英
発行所　株式会社労働開発研究会
〒162-0834　東京都新宿区北町41番地
TEL　03-3235-1861　FAX　03-3235-1865
https://www.roudou-kk.co.jp/
info@roudou-kk.co.jp

2023　Printed in Japan
印刷・製本　第一資料印刷株式会社